Biblioteca de Derecho Europeo

Cristina Costantini
Claudia Amodio
(Directoras)

Carlos Antonio Agurto Gonzáles
Sonia Lidia Quequejana Mamani
Luis Alejandro Luján Sandoval
(Coordinadores Generales)

Tommaso Edoardo Frosini
Profesor Ordinario de Derecho Público Comparado y
de Derecho Constitucional
Universidad Suor Orsola Benincasa de Nápoles

CONSTITUCIÓN, DEMOCRACIA Y ESTADO DE DERECHO

Ediciones Olejnik

CONSTITUCIÓN, DEMOCRACIA Y ESTADO DE DERECHO

Huérfanos 611, Santiago-Chile
E-mail: contacto@edicionesolejnik.com
Web site: http://www.edicionesolejnik.com

Primera Edición: 2018

ISBN: 978-956-392-111-3

Diseño de Carátula: Ena Zuñiga
Diagramación: Janett Ruiz Rebaza

Impreso en Argentina 2018 Printed in Argentina

Índice

Presentación

Ver publicados los escritos propios en otro país es siempre motivo de gran satisfacción. Si ese país se encuentra en América Latina, como en el caso de Chile, la satisfacción, en mi caso, es doble. Son ya varios años que he tenido la fortuna de viajar en Sudamérica, desarrollando *ponencias* en diversas universidades, incluso en ocasión de numerosos congresos, iniciando, por ende, a conocer parte de su inmenso territorio o de apreciar su dimensión humana y social, no obstante los conocidos problemas existenciales que inciden en muchas zonas de América del Sur.

Por ello, cuando recibí la propuesta del colega y amigo Carlos Antonio Agurto Gonzáles de publicar un libro mío en la prestigiosa Ediciones Olejnik, que recoge los escritos que en los últimos años he ido publicando en idioma español, he aceptado con entusiamo, aunque con un poco de tristeza por no ofrecer un libro unitario, una monografia, sino, más bien, una recopilación de escritos. Los ensayos han sido compendiados con el titulo, propuesto por Carlos, de *Constitución, democracia y estado de Derecho*. Son los temas y problemas que afronto en diversos capítulos y que contemplo desde la perspectiva, que me es muy apreciada y estimada, del constitucionalismo como liberalismo. Lo que no se refiere a un concepto neutro de la Constitución, sino más bien a un preciso orden de valores constitucionales: es una técnica de la libertad, en cuanto establece el conjunto de reglas que en cualquier forma de convivencia política asegura a los ciudadanos el ejercicio de sus derechos inviolables y el goce de las libertades fundamentales, así como el conjunto de normas que han limitado y limitan el poder estatal. Existe un concepto hoy que es utilizado en el debate constitucional europeo, que expresa bien una cierta idea de constitucionalismo: el de "patriotismo constitucional", que manifiesta una adhesión a los valores y principios constitucionales como sentimiento agregativo de una renovada patria. Derechos de libertad, principio de igualdad, separación de los poderes, garantías y control de constitucionalidad son hoy patrimonio común de los constitucionalismos de matríz liberal y democrática. Ciertamente, no es el fin de la historia y el último hombre.

En efecto, si intentamos ampliar nuestra mirada hacia el horizonte del entero planeta, descubrimos que el constitucionalismo no se ha afirmado totalmente. Existen numerosos países en los que hay diferencias entre la afirmación de los valores liberaldemocráticos como referencia y su efectivo recibimiento y actuación: son estas las "democracias de fachada", que han tomado la idea de la Constitución como instrumento de gobierno pero no han asimilado la idea de la Constitución como tabla de valores liberales. Por tanto, en la viña del constitucionalismo hay mucho por trabajar: el terreno es fértil y las vides son robustas. Es necesario contener, sin suprimirlos y preocupándose de salvaguardar las identidades, los nacionalismos y los integralismos. En efecto, conduciéndolos al patriotismo constitucional, con el objetivo de crear, incluso gradualmente, un orden mundial ungido con los valores de la liberaldemocracia, que son portadores de paz y libertad.

Además, tengo que indicar lo siguiente: los ensayos recopilados en este volumen son también inspirados por el método comparado, que utilizo con amplitud. No obstante, es un método que no se limita a observar el funcionamiento de los ordenamientos extranjeros sino que busca también aprovecharse de la lección de la historia. Ciertamente, el derecho constitucional debe considerarse una exposición de las instituciones políticas comparadas, por lo que porta el valor técnico de las instituciones mismas.

Por ende, el constitucionalista debe ser siempre historiador y comparatista, no menos que jurista, si desea comprender el objeto de sus estudios y abordarlos provechosamente. Vale la admonición que actualmente no se puede legislar sin antes comparar, debido a que quién conoce un solo Derecho no conoce ningún Derecho.

* * * * *

Me agrada mucho recordar como la pasión por Sudamérica y la ocasión de visitarla, con cierta periodicidad, me ha sido principalmente ofrecida por la sección italiana del Instituto Iberoamericano de Derecho Constitucional, presidida por el amigo y colega Luca Mezzetti. Con Luca y otros amigos y amigas, antes que colegas, he compartido muchos viajes y numerosas experiencias culturales en dicho continente. Gracias también a la afectuosa hospitalidad de los colegas argentinos de la Universidad de Buenos Aires como Jorge Alejandro Amaya, Calogero Pizzolo y Daniel Sabsay; y de los colegas brasileños de la Universidad de San Paulo, como Marcelo Figueiredo, Luiz Guilhierme Arcaro Conci y Roberto Baptista Dias Da Silva. Podría recordar a otros colegas, pero con ellos se ha intensificado un fructuoso intercambio cultural sobre temas jurídicos-constitucionales en una triangulación Argentina-Brasil-Italia.

Agradezco también a las directoras de la Biblioteca de Derecho Europeo, Cristina Costantini y Claudia Amodio, por haber acogido el libro en su colección. Un agradecimiento especial es para Carlos Antonio Agurto Gonzáles por haber promovido la publicación de este libro mío, así como agradezco a Ediciones Olejnik por su esfuerzo en publicar mi obra.

Finalmente, un pensamiento afectuoso quiero dirigir a la memoria de mi padre, cuyos numerosos escritos, artículos y libros, han sido traducidos y publicados en España, en Colombia, en Perú y en Argentina. Mi pequeño libro en idioma castellano desea incorporárse a la lista de sus grandes libros conocidos y apreciados en América Latina.

La obra esta dedicada a Silvia.

Roma - Nápoles, enero de 2017.

Tommaso Edoardo Frosini

Subsidiariedad y constitución

SUMARIO:

1. Origen y doble significado del término «subsidiariedad».- 2. El principio de subsidiariedad vertical en el Tratado de Maastricht.- 3. La subsidiariedad en la Constitución de la República Federal Alemana: breve referencia.- 4. La subsidiariedad horizontal en la cultura jurídica alemana e italiana.- 5. Perfiles constitucionales: perspectiva y problemática.- 6. El principio de subsidiariedad en el derecho constitucional.- 7. La subsidiariedad en el Proyecto de Reforma Constitucional de la Comisión Bicameral.- 8. La subsidiariedad «*a costituzione invariata*».- 9. Federalismo y subsidiaridad en la reforma constitucional de 2001.- 10. Algunas observaciones y un comentario.- 11. Consideraciones finales. subsidiariedad y solidaridad.- 12. Sigue: subsidiariedad como promoción.- 13. Algunas referencias bibliográficas.

1. Origen y doble significado del término «subsidiariedad»

El de la «subsidiariedad» es un principio político presente, desde hace tiempo, en la tradición de pensamiento de la doctrina social de la Iglesia Católica, de reciente adquisición en el ámbito del ordenamiento comunitario y por último, en el derecho interno italiano. Su significado esencial reside en la idea de que una sociedad, una organización o una institución de orden superior a otra no deba interferir en la actividad de esta última, inferior a ella, limitándola en sus competencias, «pero debe más bien sostenerla en caso de necesidad, y ayudarla a coordinar su acción con la de los otros componentes sociales, en vista del bien común». Estas son las expresiones con que el principio es descrito, en el presente, en la *Lettera Enciclica Centesimus Annus* del Papa Juan Pablo II.

El término subsidiariedad, por tanto, ha adquirido sólo recientemente, en el léxico político y jurídico, su valor específico de significado; más bien, se puede decir su ambivalencia, ya que está acompañado y definido por el adjetivo «vertical», o bien, por el de «horizontal».

El origen del vocablo es antiguo, puesto que se remonta al latín *subsidium*, que designaba el orden militar de los *triari,* esto es, las tropas de refuerzo (las *subsidiariae cohortes*); del vocablo originario se deriva el término italiano de «*sussidio*» entendido correctamente en el sentido de ayuda económica provista a los necesitados. Como se verá, el significado asumido por dicho término en el lenguaje político y jurídico es, en cambio, de sentido opuesto al indicado, ya que con éste se designa principalmente no ya la ayuda prestada, sino, por el contrario, el principio de abstención de intervención directa, por respeto al principio de autonomía de los sujetos jurídicos privados o públicos.

Entendido en el primer sentido, el vertical, la subsidiariedad se refiere a la relación entre el ordenamiento comunitario y los ordenamientos nacionales en el plano del derecho internacional, o bien, a la relación entre el Estado y los entes a él sometidos pero dotados de autonomía como las regiones, las provincias, los municipios, en el plano del derecho interno.

Entendido en el segundo sentido, el horizontal, la subsidiariedad se refiere a la relación entre el Estado y los ciudadanos, sea como individuos, sea en las formaciones sociales donde se desarrolla la persona, con el explícito propósito de dejar el mayor espacio posible a la autonomía privada reduciendo así a lo esencial la intervención pública.

En este doble valor de significado -o bien de manifestación concreta, fundada sobre el binomio de la verticalidad y horizontalidad- el principio de subsidiariedad ha venido a situarse en la cúspide, importantísima en un Estado de democracia pluralista, entre la esfera de la descentralización institucional y la de la autonomía de la social, en cuanto principio inspirador de un proceso de socialización de los poderes públicos. De este modo, según la perspectiva expuesta, el principio de subsidiariedad surge como idea fuerte del Constitucionalismo contemporáneo, como una de las técnicas para el logro de la pacificación social o para la resolución de conflictos, en el respeto absoluto de los derechos y de las libertades individuales; y además, como técnica (constitucional) que funciona con el fin de la reestructuración de equilibrios entre público y privado, según una (correcta) torsión que acentúa la concepción liberal-democrática del ordenamiento estatal.

2. El principio de subsidiariedad vertical en el Tratado de Maastricht

Antes de adentrarnos en la problemática política y jurídica de la subsidiariedad horizontal, como surge del análisis y de la comparación del aparato normativo que muestra la regulación de las relaciones entre el Estado y el ciudadano, objeto principal de la presente investigación, es oportuno hacer (una breve) referencia a la subsidiariedad vertical, la cual, como se ha aludido anteriormente, tiene como carácter principal y distintivo la referencia a la relación entre la Comunidad europea y cada uno de los Estados que la componen.

En efecto, el término ha hecho irrupción, es el caso decirlo, en la literatura jurídica con motivo de la promulgación del Tratado de Maastricht de 7 de febrero de 1992, el cuyo art. 3B incluye la siguiente disposición:

> «La Comunidad actuará dentro de los límites de las competencias que le atribuye el presente Tratado y de los objetivos que éste le asigna.
>
> En los ámbitos que no sea de su competencia exclusiva, la Comunidad interviene, conforme al principio de subsidiariedad, sólo en la medida en que los objetivos de la acción prevista no puedan ser alcanzados de manera suficiente por los Estados miembros, y, por consiguiente, puedan lograrse mejor, debido a las dimensiones o a los efectos de la acción contemplada, a nivel comunitario.
>
> Ninguna acción de la Comunidad excederá de lo necesario para alcanzar los objetivos del presente Tratado».

Algunas consideraciones rápidas sobre este importantísimo artículo: en primer lugar, es posible observar que el principio de subsidiariedad no es de aplicación general, sino que, por el contrario, vale sólo para aquellos ámbitos que no son de competencia exclusiva comunitaria; por lo tanto, éste se aplica cuando la competencia comunitaria convive con la de los Estados miembros, o sea, en la hipótesis de «competencia concurrente», que sería una especie de co-ejercicio transitorio de potestad normativa, por parte de la Comunidad y de los Estados miembros, sobre el mismo objeto. Además, del art. 3B, párrafos segundo y tercero, se deducen las dos condiciones objetivas de ejercicio de la acción comunitaria: en primer lugar, las instituciones comunitarias pueden intervenir sólo cuando ello resulte ser «necesario»; en segundo lugar, la intensidad de su intervención debe ser «proporcional» a los objetivos perseguidos. Por cuanto concierne a la primera condición, la necesidad de la intervención subsiste cuando los objetivos que se persiguen no puedan ser suficientemente realizados por los Estados miembros debido a la dimensión o a los efectos que la acción prevista para conseguirlos es susceptible de producir, pero pueden, en cambio, ser realizados mejor a nivel comunitario. Respecto a la segunda condición, en cambio, la intervención comunitaria debe respetar el principio de proporcionalidad, desde el momento en que debe limitarse «a lo necesario» para el logro de los objetivos previstos por el Tratado de Maastricht.

Cierto, y más allá de estas rápidas observaciones, se ha dicho que la introducción del principio de subsidiariedad en un Tratado internacional -que puede ser definido de manera forzada como «super-constitucional», en la medida que vincula y dirige la Constitución de los países adheridos a la Unión Europea- ha desencadenado, como era previsible, una serie de implicaciones de no fácil resolución. Come ocurre en el caso de Alemania, que a continuación examinamos.

3. LA SUBSIDIARIEDAD EN LA CONSTITUCIÓN DE LA REPÚBLICA FEDERAL ALEMANA: BREVE REFERENCIA

La introducción del principio de subsidiariedad en el ordenamiento comunitario ha tenido inmediatamente consecuencias relevantes en la legislación estatal de uno de los Estados miembros, como la República Federal Alemana. En efecto, el Parlamento alemán ha procedido rápidamente a sustituir el texto del art. 23 de la Ley Fundamental *(Grundgesetz)*, que contenía el elenco de los *Länder* componentes de la República Federal. De todos modos, éste fue modificado después de la unificación de la Alemania occidental con la oriental (la República Democrática Alemana) y el consiguiente aumento del número de *Länder*. Por ello, el Parlamento ha introducido en la Ley Fundamental el nuevo art. 23 del siguiente sentido: «1. Para la realización de una Europa unida, la República Federal de Alemania contribuirá al desarrollo de la Unión Europea, dentro de su compromiso con los principios democráticos, del Estado de Derecho, sociales y federativos, y con el **principio de subsidiariedad** y de garantizar una protección de los derechos fundamentales comparable, en lo esencial, a la de la presente Ley Fundamental».

El artículo continúa con párrafos sucesivos, tendentes a regular las relaciones con la Unión Europea, de una parte, y con los *Länder*, de otra, como se establece en el párrafo 6.º: «Cuando en un punto esencial resulte afectadas competencias legislativas exclusivas de los Estados, la Federación deberá encomendar a un representante de los Estados, designado para ello por el Consejo Federal, el ejercicio de los derechos que corresponden a la República Federal de Alemania como Estado miembro de la Unión Europea».

El problema, que ha despertado la atención de los intérpretes constitucionales a consecuencia de la modificación del art. 23 de la Ley Fundamental, es el siguiente: la introducción del principio de subsidiariedad ¿sirve, en general, como principio constitucional? Algunos estudiosos, como *Volkmar Goetz* y *Michael Hecker*, han sostenido recientemente que el sentido histórico de la mención del principio de subsidiariedad en el art. 23 era exclusivamente el de impedir que la Unión Europea erosionase excesivamente las competencias de los Estados, de Alemania, de los *Länder* alemanes en particular. Por tanto, el principio de subsidiariedad citado en el art. 23 coincidiría solamente con el principio de subsidiariedad según el art. 3B del Tratado de Maastricht, sin tener ninguna forma de incidencia sobre el plano organizativo y estructural a nivel interno.

Sin embargo esta posición, expresada por una parte de la doctrina alemana, no encuentra plena acogida y resulta ser rígidamente impeditiva respecto a una expansión del principio de subsidiariedad, que por medio de Europa se vendría a trasladar a cada una de las realidades de los Estados; a esto se añade que en Alemania se ha procedido a constitucionalizar el principio, y que el mismo podría funcionar también como parámetro de referencia para los jueces de la constitucionalidad de las leyes, así como fuente de normas, y por tanto, capaz de ser adaptado a las especialidades de casos imprevistos, según una potencialidad o virtualidad inagotable.

4. LA SUBSIDIARIDAD HORIZONTAL EN LA CULTURA JURÍDICA ALEMANA E ITALIANA

Esta significativa, y en cierto modo, decisiva modificación de la Ley Fundamental de la República Federal Alemana ha provocado un verdadero diluvio de publicaciones sobre la materia por parte de los estudiosos alemanes; por otra parte, hay que señalar que en la literatura científica alemana el término había hecho ya su aparición, pero con referencia a la subsidiariedad horizontal y frecuentemente haciendo alusión al pensamiento de autores del pasado como *Althusius, Hegel y Humboldt.*

Guillermo Humboldt es ciertamente el que más atención merece al respecto; su *Ensayo sobre los límites de la actividad del Estado* (escrito en 1792, pero publicado en 1850, y traducido al italiano en 1965) es un clásico del liberalismo europeo, en el cual, como escribió *Guido De Ruggiero*, «la eficacia de la libertad en la formación de la personalidad humana aparece en su aspecto más vivaz y atrayente». El libro contiene un tratamiento articulado del argumento, y ha tenido una gran resonancia en la cultura europea después de su aparición; bastará citar al respecto, que a éste se remonta la enunciación originaria de la fórmula, según la cual el Estado tiene la tarea de la *remoción de los obstáculos* (que confronta con el art. 3 párrafo 2.° de la Constitución italiana), indicación muy significativa para nuestro argumento.

El término «subsidiariedad» no era desconocido sin embargo en la cultura italiana, ya que aparece en el ensayo de *Egidio Tosato*, entitolato *Sul principio di sussidiarietà dell´intervento statale*, publicado en 1959 en la revista *Nuova Antologia*. Un ensayo inspirado sobre la base del planteamiento católico del autor, donde el principio de subsidiariedad encontraba fundamento «en consideración de naturaleza ontológica», o bien, en la valoración del hombre antes incluso que del individuo, teniendo en cuenta, sin embargo, el valor conciliador, armonizador del principio de subsidiariedad en una perspectiva comunitaria. Lo descrito, además, se abría de manera previsora a la perspectiva de desarrollo económico, a través de una acentuación de la libre iniciativa privada como «derecho frente al Estado [...] no derivado, sino originario de la persona»; y se cerraba con una directiva precisa, que vale la pena citar aquí: «Sólo el estudio y el conocimiento preciso de todos los datos necesarios históricos, políticos, sociales, económicos, y coyunturales de los problemas particulares, podrá sugerir hasta cuándo, hasta dónde y cómo el principio de subsidiariedad y la función subsidiaria del Estado deberán realizarse».

Finalmente, un pequeño, pero significativo, precedente histórico-jurídico. Si no el término subsidiariedad, sí el concepto sustancial que éste designa estaba ya contenido en la *Carta del Lavoro* de 1927 declaración IX: «*La intervención del Estado en la producción económica tiene lugar sólo cuando falte o sea insuficiente la iniciativa privada o cuando estén en juego intereses políticos del Esta-*

do. Tal intervención puede asumir la forma de control, de estímulo y de gestión directa»; esto acontecía sólo en presencia de condiciones determinadas: cuando la iniciativa privada se hubiera mostrado inexistente o insuficiente, o bien, cuando, independientemente de esto, se hubiera manifestado la necesidad de realizar los «intereses políticos del Estado».

En efecto, se ha afirmado que una reflexión auténtica y profunda del principio de subsidiariedad falta en el debate jurídico italiano -con la excepción del citado escrito de *Tosato*-; esto puede derivarse, bien de la unilateralidad de la temática, que resultaba ser bastante interna a la cultura de inspiración católica, o bien, sobre todo, de la configuración peculiar que viene a asumir el principio constitucional pluralista en el cuadro del pacto constituyente, y de la consiguiente preocupación que la investigación de instrumentos aptos para dar satisfacción a nuevas formas de integración del tejido pluralista, como la subsidiariedad, podrían comportar sacrificios de espacios de libertad para las formaciones sociales.

Bien distinta es la situación en Alemania. La discusión en el ámbito de la doctrina jurídica alemana, que ha sido bastante rica y vivaz, ha hecho emerger la complejidad de las corrientes de pensamiento que han confluido en la idea de la subsidiariedad; así, el debate sobre el principio en cuestión ha sido la encrucijada de una confrontación entre la doctrina social católica, la teología evangélica, las teorías políticas del federalismo y las corrientes del pensamiento liberal.

5. PERFILES CONSTITUCIONALES: PERSPECTIVA Y PROBLEMÁTICA

El principio de subsidiariedad, aunque desconocido en la vertiente de la mera normativa constitucional italiana, ha entrado en el debate jurídico de nuestro país de forma prepotente, sobre todo a través del ya citado art. 3B del Tratado de Maastricht, que contiene una enunciación del principio en cuestión y que lo asume como principio fundamental del ordenamiento comunitario. El interés ha crecido notablemente después, primero, por la previsión normativa del principio mismo en la ley n.º 59 de 1997 (más conocida como «*Bassanini 1*») y en la reciente ley n.º 265 de 1999 (más conocida como «*Napolitano-Vigneri*»); posteriormente, como consecuencia de la propuesta elaborada por la Comisión bicameral para la reforma constitucional (más conocida como «*Comisión D´Alema*»), que pretende introducir el principio de subsidiariedad en la (segunda parte de la) Carta constitucional, en estrecha relación con la organización del nuevo tipo de Estado en sentido federal, que la misma Comisión había previsto y delineado. El proyecto de reforma incluía las dos formas de subsidiariedad: vertical y horizontal.

No son pocos los problemas que suscita la formulación de una definición unívoca y precisa de la expresión «subsidiariedad», que tiene un carácter polisémico. El núcleo del principio mismo, sin embargo, se puede precisar con el siguiente concepto: que en las relaciones entre entidades institucionales y sociales de diversa dimensión la preferencia debe darse a las menores y que las intervenciones de las entidades mayores, se justifiquen en tanto en cuanto se dirijan a suplir los eventuales inconvenientes de las primeras. Una definición como esta comprende -como se ha afirmado anteriormente- la doble esencia dinámica de la concepción de la subsidiariedad: la denominada *vertical,* que concierne a las relaciones entre el Estado y las autonomías locales, y la calificada *horizontal,* que se refiere a las relaciones entre el individuo y el Estado, o bien entre la actividad de los particulares y las funciones públicas.

En general, se puede decir que aplicado a la sociedad el principio de subsidiariedad indica la intervención indemnizativa y asistencial de los organismos sociales más grandes -como el Estado- a favor de los individuos y grupos intermedios.

En particular, centrándonos en el eje del problema sobre el plano del derecho constitucional, podemos «rescatar» tres usos pragmáticos del término subsidiariedad.

6. EL PRINCIPIO DE SUBSIDIARIEDAD EN EL DERECHO CONSTITUCIONAL

Como se ha afirmado, son al menos tres los usos pragmáticos del término subsidiariedad que pueden ser útilmente utilizados en el ámbito del derecho constitucional.

a) El primer significado, que encuentra especificación en el adjetivo *horizontal* es el que concierne a la relación clásica entre sociedad y Estado, entre libertad y autoridad, entre iniciativa privada y poder impositivo del Estado; a este significado corresponde el debate sobre la subsidiariedad económica, que resulta estar empapada de convencimientos de carácter filosófico-político-social que se sitúan y van -según las interpretaciones- del liberalismo clásico hasta el extremo opuesto del colectivismo socialista, sin con esto excluir la posibilidad de individuar una equilibrada «tercera vía», que tenga en cuenta de las instancias de uno (liberalismo) y otro (colectivismo).

b) Un segundo significado de subsidiariedad es el referido a la teoría de las fuentes del derecho objetivo; teoría, que supone la titularidad del poder de normación en el Estado-persona, o bien en entes dotados de soberanía; por tanto, a la posibilidad de «normar» de forma autónoma y exclusiva por parte de cada uno de los entes legitimados y competentes para la adopción del acto, salvo la posibilidad de intervenir mediante ley estatal allí donde el acto-fuente no logre, por sí solo, desplegar los efectos jurídicos deseados.

c) En último lugar, un tercer significado de subsidiariedad, que resulta tener elementos en común con la materia de las fuentes, es el que concierne a la organización administrativa o a los diversos niveles de expresión de las funciones y competencias públicas, y por lo tanto, la descentralización administrativa estructurada sobre la base de una articulación diferente de las relaciones centro-periferia, que está determinada (también) en virtud del principio de subsidiariedad entendido en sentido vertical. En tal sentido, se puede recordar lo establecido por la ley n.º 59 de 1997 (en particular, el art. 4, que prevé que la asignación de las funciones y tareas administrativas a los entes locales -municipios, provincias y comunidades montesas- acontecen en el respeto del principio de subsidiariedad, según las respectivas dimensiones territoriales, asociativas y organizativas, con la exclusión de las únicas funciones incompatibles con las dimensiones mismas, atribuyendo las responsabilidades públicas -también con el fin de favorecer la absorción de funciones y tareas de relevancia social por parte de las familias, asociaciones y comunidades– al ente territorialmente más cercano a los ciudadanos interesados).

Los tres usos pragmáticos del término subsidiariedad en Derecho constitucional antes referidos, no se consideran, sin embargo, como separados uno del otro, sino más bien como tres momentos de una única esencia, que caracteriza la configuración ordinamental estatal; en efecto, la subsidiariedad en el Derecho constitucional atañe a la forma de Estado, por consiguiente, a las relaciones entre el individuo y la autoridad, o bien, entre gobernantes y gobernados, reguladas en el ámbito de la disciplina económica –con el reconocimiento de un mayor margen de maniobra a la iniciativa privada y, en consecuencia, con una reducción de la pública–, en el de la producción de los actos normativos –no ordenadas desde una óptica jerárquica, sino más bien desde una estructura diversificada sobre base axiológica y valorativa–; o en el contexto de la organización «vertical» del Estado, que viene a distribuirse según formas mayores de descentralización administrativa, a favor de la periferia.

Es también cierto que, aunque se postula el respeto de las libertades de los individuos y de los grupos, el principio de subsidiariedad no pone en discusión el papel y la importancia del Estado; más bien, se preocupa de valorarlo al máximo, también procediendo a una redefinición y a una racionalización de los roles en la dinámica de las relaciones entre el Estado y los ciudadanos, entre lo público y el particular. En tal sentido, el principio de subsidiariedad «fotografía» una determinada idea del Estado. En la óptica de una organización social inspirada en el principio de subsidiariedad el Estado emerge como garante final del interés general, desde el momento en que su tarea consiste en la intervención directa para satisfacer una necesidad real de la sociedad, sólo cuando la colectividad y los grupos sociales, a los cuales corresponde en primer lugar la labor de intervenir, no están en condiciones de hacerlo.

En términos muy acertados se ha afirmado, por *Paolo Ridola*, que el principio de subsidiariedad más que una defensa «contra» el poder estatal resulta ser un instrumento para la conciliación de conflictos; por tanto, «éste se funda no en una concepción dialéctico-opositiva de la relación entre Estado y sociedad, sino en una visión integradora y «consensual» del cuerpo social, cuyas partes, mediante vínculos de tipo subsidiario, se recomponen armónicamente en un proceso, que gradualmente asciende desde el individuo al Estado a través de las formaciones sociales intermedias».

Del principio de subsidiariedad (horizontal) se puede recabar una exigencia de laicidad del modo de pensar y de «vivir» del Estado. La idea de fondo, en efecto, es que no existen más funciones que sean naturalmente de pertenencia pública; existe una carga de confirmación, de legitimación por parte del Estado de las tareas y funciones que el Estado mismo considera que debe asumir y desarrollar; existe una carga de demostrar la imposibilidad de respetar la esfera de la autonomía de los particulares de su capacidad de cumplimiento de actividades de interés público.

7. La subsidiariedad en el proyecto de reforma constitucional de la Comisión Bicameral

Como se ha afirmado, el principio de subsidiariedad -que no está «internamente», o formalmente, presente en nuestro ordenamiento constitucional, pero lo está «externamente» en cuanto codificado en un Tratado internacional- ha conocido una primera forma embrionaria de legitimación constitucional en el proyecto de revisión de la segunda parte de la Constitución, que ha sido predispuesta por la Comisión Bicameral. En efecto, el art. 56 apartado primero del proyecto preveía la siguiente disposición: «*En el respeto de las actividades que puedan ser adecuadamente desarrolladas por la iniciativa autónoma de los ciudadanos, también a través de las formaciones sociales, las funciones públicas son atribuidas a los Municipios, Provincias, Regiones y Estado, sobre la base de los principios de subsidiariedad y de diferenciación*». La aprobación final de esta norma, en sede de Comisión y después en el proyecto presentado a las Cámaras, ha suscitado enseguida numerosas intervenciones críticas. Y se ha afirmado que el desarrollo de la discusión del problema ha resultado bastante cargado de significados ideológicos, por lo cual la atención ha terminado por polarizar sobre la nueva relación que -por medio de determinadas formulaciones- se pensaba establecer entre sociedad y Estado, entre ciudadano y aparato público, entre actividad de los particulares y funciones públicas, sin ocuparse de definir presupuestos, criterios y modalidades de aplicación del mecanismo sustitutivo en vía subsidiaria.

La fórmula constitucional –seguramente desafortunada desde el punto de vista semántico y, por tanto, llena de una pluralidad excesiva de lecturas– vale por como se interpreta; en particular, el uso de las expresiones «en el respeto» y del adverbio «adecuadamente», pueden dejar espacio a soluciones que podrían hasta excluir totalmente el límite que se quiere introducir a la intervención pública, falseando así el sentido y el alcance de un principio como el de subsidiariedad. Y además, ¿quién es el juez que valora y decide cuando se ha superado «el respeto» de las actividades de los ciudadanos, y por tanto, es posible hacer intervenir a los entes estatales? Afirmar el principio de subsidiariedad sin precisar al mismo tiempo un juez de la necesidad u oportunidad de la intervención pública, distinto de la misma autoridad que decide la intervención, significa, bajo la apariencia de una declaración de libertad, fundar el poder absoluto. Y la misma identificación de este juez es cosa ardua: no podría ni siquiera la Corte Constitucional, desde el momento en que los jueces que se deberían ocupar serían de mérito y no de legitimidad.

La Comisión Bicameral, vinculada en su proceder revisionista sólo en la segunda parte de la Constitución, introdujo el principio de subsidiariedad en la parte relativa a la organización federal, y por consiguiente, a las relaciones entre los entes locales y entre éstos y el Estado. Si, en cambio, se considera el principio de subsidiariedad como un principio fundamental, que atañe a la forma de Estado, y por lo tanto, a los «valores» constitucionales que están en la base de la organización de un Estado, entonces es necesario cuestionarse si es constitucionalmente correcto, desde el plano de la sistemática, preverlo y disciplinarlo en la segunda parte de la Constitución, o bien, en la parte relativa a la organización del Estado mejor que en la parte concerniente a la estructura que sostiene el Estado; es decir, aquella donde emergen los valores constitucionales. Es, pues, cierto que la Constitución es una, y la división en dos partes no es completamente nítida; pero es verdad también que es la primera parte del texto la que, según una tesis prevalente, contiene el núcleo de la «forma republicana», que no puede ser objeto de revisión constitucional, como establece el art. 139 de la Constitución.

Cierto, se podría sostener, como ha hecho la doctrina, que el art. 56 del proyecto de reforma constitucional emanado de la Bicameral encuentra una conexión, una armonización, con la formulación general del art. 2 de la Constitución; y que tal armonización pueda encontrarse colocando la norma del art. 2 en el plano de la definición del pluralismo social y del equilibrio entre derechos de libertad y deberes de solidaridad. El art. 56 del proyecto, entonces, vendría a situarse en la perspectiva -para revisar en concreto- del pluralismo institucional, como un perfil autónomo del mismo.

De todos modos, el debate que ha surgido como consecuencia del intento de introducir el principio de subsidiariedad en sentido horizontal en la Carta constitucional, ha expresado y se ha manifestado a través de una infiltración ideológica que ha terminado omitiendo la circunstancia de que la subsidiariedad no es sólo un principio inspirador de carácter general -que impone cautela y atención a los aparatos públicos en las intervenciones que puedan incidir en la iniciativa autónoma de los ciudadanos-, sino que bajo el perfil empírico puede dar lugar a un criterio regulador de acercamiento entre sujetos particulares y entes públicos, cuya evidente delicadeza necesita un tratamiento distinto y específico.

Verdaderamente, no se puede ni se debe olvidar que la subsidiariedad como valor de fondo del ordenamiento democrático está, de todos modos, conectada a una «visión del mundo» (*Weltanschauung*) basada en la primacía jurídica de la libertad y de la sociedad civil en lo que a la autoridad respecta, presupuesto de un orden de las relaciones entre poder público y grupo social fundado en la lógica de la integración y, por ello, de la identidad sustancial entre gobernantes y gobernados.

8. LA SUBSIDIARIEDAD «A COSTITUZIONE INVARIATA»

Otra cuestión es la relativa a la individualización implícita del principio de subsidiariedad en la Constitución; o bien, con arreglo a esta tesis, nuestra Constitución estaría influenciada por el principio de subsidiariedad, que se vendría a manifestar en varios artículos de la misma sin necesidad de estar recogido explícitamente en una fórmula constitucionalizada.

Este razonamiento puede encontrar un argumento válido en el hecho de que existe una ley en el ordenamiento (la n.º 59 de 1997), que señala la subsidiariedad como uno de los principios fundamentales que deben guiar la atribución de funciones a regiones, provincias, municipios y otros entes locales, en su doble vertiente: negativa, de abstención; y positiva, de intervención. Así, también la reciente ley de 3 de agosto de 1999, n.º 265, sobre la autonomía y el ordenamiento de los entes locales (modificativa, en parte, de la ley n.º 142 de 1990), dispone en el art. 2 párrafo 5.º: «Los municipios y las provincias son titulares de funciones propias y de aquellas conferidas por ley del Estado y de las regiones, según el *principio de subsidiariedad*. Los municipios y las provincias desarrollan sus funciones también a través de las actividades que puedan ser adecuadamente ejercitadas por la iniciativa autónoma de los ciudadanos y de sus formaciones sociales».

Ciertamente, la ley debe encontrar además un acoplamiento a la Constitución, sea de forma explícita, o implícita, asignada la labor a la Corte Constitucional de identificar el ajuste según la técnica de la interpretación por principios y del «*combinato disposto*».

En cambio, quienes consideran insuficiente determinar una incorporación implícita -o dispersa en varios artículos- del principio de subsidiariedad en el texto constitucional, señalan la formalización descrita del principio de subsidiariedad entre los principios fundamentales de la Constitución. Pero una operación así, o bien la introducción del principio de subsidiariedad en el texto, podría comportar una serie de modificaciones en cascada de los artículos constitucionales, que se adecuarían al nuevo principio fundador, a aquel principio, como se ha afirmado en la Bicameral, «arquitrabe de la segunda Constitución» y «fundamento del nuevo modelo de República».

Indiscutiblemente, en algunos casos una modificación constitucional vendría a formalizar una situación de cambio, que ya existe a nivel de Constitución material. Tómese el caso de las relaciones económicas; ejemplificativa de los cambios existentes es la emersión, con la creación de sistemas competenciales entre empresas públicas y privadas, en todos los sectores antes considerados de competencia exclusiva del público, se piensa en la materia de las competencias administrativas. Emblemáticas son, por citar algún ejemplo, la regulación del federalismo administrativo diseñada por las nuevas leyes de la Administración Pública (las leyes Bassanini); regulación, que exalta el papel de las entidades locales, y la materia de los servicios públicos locales, en la cual se realiza la confluencia de la subsidiariedad económica y de la administrativa; el recurso a los particulares no está mas motivado sólo por la exigencia de restituir a los mismos espacios de economía propia, sino también por la exigencia de experimentar la consecución del interés público con formas propias del mercado y del beneficio.

Las recientes reformas legislativas han dado un giro significativo a la relación sustancial entre Administración y mundo económico-social; y exactamente en este contexto la subsidiariedad obtiene su significado más esencial. ¿Qué significa, en efecto, la subsidiariedad en su último significado, aplicado a la organización administrativa del Estado, si no que la Administración debe ser, en la medida en que y sólo en la medida en constituya un subsidio, un recurso para la sociedad? Según esta perspectiva, en tal caso se mueve siguiendo una maniobra dirigida a través de la transformación del Estado administrativo al Estado regulador.

Además, se puede citar al respecto también el reciente acontecimiento legislativo -próximo, al parecer, a su conclusión- de la reforma de los servicios públicos locales (o bien, de la innovación de los artículos que los disciplinan en la ley n.° 142 de 1990), que hace surgir, de forma bastante nítida, precisamente el tema de la subsidiariedad horizontal en comparación con el tema del mercado.

9. Federalismo y subsidiaridad en la reforma constitucional del 2001

Es necesario brindar algunas breves reflexiones sobre la reforma del Título V de la parte segunda de la Constitución, votada por la mayoría parlamentaria al inicio del 2001, aprobada con referéndum popular en septiembre de 2001. Se trata de la primera gran reforma constitucional, debido a que innova significativamente un gran sector de la Carta Constitucional dedicada a las relaciones centro y periferia. Es consecuencial a la reforma constitucional abordada en el 1999, sobre la elección directa de los presidentes de región sobre la autonomía estatutaria de las regiones mismas. En este modo, se ha podido a completar el cuadro constitucional inherente a las autonomías locales, atribuyendo a las mismas su tarea de ser... autonomías, considerando que actualmente tiene una serie de prerrogativas y poderes no son más subordinados a la voluntad estatal.

¿Es el federalismo el que se ha introducido a nivel constitucional? La pregunta se origina de una duda, que es la siguiente: en la organización de los Estados federales, según la experiencia comparada, la reforma no ha previsto un elemento muy significativo, tal de connotar fuertemente el federalismo. Se trata de la segunda cámara representativa de las autonomías territoriales, una cámara de las regiones, en capacidad de vincular los intereses territoriales al interior de un único órgano decisional. Pero para realizar ello se ha debido intervenir en los artículos de la Constitución referidos al parlamento y se debió, asimismo, hacer uso a los reglamentos de la segunda Cámara. Una operación no ciertamente simple y realizable en el crepúsculo de la legislatura.

Debemos indicar que la reforma constitucional, realmente, abre los espacios respecto de una perspectiva dinámica, que las regiones deberán saber explotar bien. En primer lugar, en el nuevo artículo 114 de la Constitución, los coloca en el mismo plano: Estado, regiones, provincias, comunes y ciudades metropolitanas constituyen la República. Un planteamiento geo-institucional horizontal, no más vertical, con Roma, capital de la República. La misma concepción horizontal surge, si bien de manera perfectamente simétrica, en el nuevo artículo 117 de la Constitución: donde se fijan las materias sobre las que el Estado tendrá legislación exclusiva, dejando, en este modo, a la potestad legislativa regional todas las competencias residuales. De este modo, se podrá evidenciar que las materias reservadas al Estado son muchas, y que inciden también sobre las temáticas que sería mejor dejar a la organización regional.

En particular, merece citar el nuevo artículo 118 de la Constitución, con la introducción del principio de subsidiaridad, que podrá devenir en el nuevo concepto guía de las relaciones centro-periferia. En efecto, este actuará en el momento en que las regiones por sí solas no logren realizar sus tareas, y soliciten «subsidio» al Estado. Precisamente sobre la posibilidad de que las regiones puedan realizarse solas, progresar, desarrollarse y competir con las otras regiones, se produce una crítica firme a la reforma constitucional. Se trata de la eliminación del objetivo de la «valorización del Mezzogiorno y sus islas», según el (antiguo) artículo 119 de la Constitución. ¿Por qué se ha eliminado? ¿No se creerá que la cuestión meridional se resuelve eliminándola de la Constitución y, por ende, no considerándola más un problema? Es bueno recordar, por ende, que precisamente en los Estados federales, más aún que en los Estados centralizados, la actuación de los valores de solidaridad y de unidad nacional se encuentra confiada al empleo de recursos comunes en apoyo del desarrollo de las regiones en retardo o en crisis. ¿Bastará la subsidiaridad para no precipitar el Mezzogiorno aún más al Sur?

10. Algunas observaciones y un comentario

Más allá de la reforma constitucional, sobre la cual es necesario reflexionar solamente observando la concreta actuación, se plantea no insistir sobre el hecho que, por cuanto concierne al problema de la subsidiaridad con referencia al tema del mercado, en el fondo del problema general sobresale la gran cuestión de la (eventual) obsolescencia de las normas de la «constitución económica», a la luz de los tratados y de la normativa comunitaria, y en consecuencia, si ello comporta una revisión constitucional, que parta exactamente de la explicitación normativa del principio de subsidiariedad. Lo que está ausente en nuestra Constitución es el valor del mercado; es decir, falta en el proyecto constitucional una línea de garantía clara de la esfera privada en la economía. De aquí la necesidad, como ha sido sostenido recientemente por *Achille Chiappetti,* de introducir en el texto constitucional una disposición que restituya un fundamento de principio, y por consiguiente, dignidad jurídica y prioridad lógica a la iniciativa económica y a la propiedad privada y, en el fondo, al mercado.

¿Cómo relacionar la discusión sobre el mercado y la iniciativa económica *ex* art. 41 de la Constitución con el principio de subsidiariedad? En nombre de este principio se podría plantear la hipótesis de que, en la dimensión fisiológica de las relaciones económico-sociales, la intervención del Estado en la economía sea siempre competente respecto a la privada, y por consiguiente, liberada de lógicas dirigibles, y que la previsión de intervención procedente «de arriba» se limite únicamente a los casos de efectiva crisis del sistema. Téngase en cuenta este ejemplo: en el caso de una imprevisible crisis económica o financiera con los caracteres de la emergencia, se podría elaborar la hipótesis, *a Costituzione invariata*, de una intervención dirigente del Estado para controlar la marcha de los fenómenos económicos, para después consentir la reexpansión inmediata de la lógica de la iniciativa privada una vez que la crisis fuese superada. Entonces, basándose en el principio de subsidiariedad no existe una retirada de la economía por parte del Estado, sino más bien participación y subordinación del mismo a las mismas reglas de mercado que sirven para el empresario privado, en una relación de integración recíproca, garantía del pluralismo.

11. Consideraciones finales. Subsidiariedad y solidaridad

El principio de subsidiariedad, como ya se ha observado anteriormente, tiene una doble dimensión ideal (horizontal/vertical); éste, en cuanto referido a la horizontalidad, tiene, sin embargo, una duplicidad de funciones sobre las cuales es oportuno detenerse, ya que todavía no se ha tenido suficientemente en cuenta a los fines de su aplicación.

El sentido atribuido al principio horizontal, en su atribución inmediata y ampliamente acogida por la doctrina, es el de una función de tutela de los intereses (sociales, económicos, morales) de los individuos y de los entes privados, que se realiza mediante un procedimiento de abstención de la intervención estatal, con el fin de consentir una plena libertad de iniciativa y desarrollo de las fuerzas individuales y sociales dotadas de autonomía.

Esta función, a la que se ha atribuido injustamente un carácter negativo, ya que esta corresponde a una clara política de vigilancia, y no de indiferencia, es la que ha sido sostenida ya, junto a la concepción de tipo laico y liberal como la de *von Humboldt,* anteriormente citada, desde la doctrina oficial de la Iglesia católica, también ésta antes citada. Tal doctrina ha sido enunciada más veces en los documentos pontificios, destinados a tener una amplia difusión y también ejercitar una profunda influencia sobre la obra de las clases dirigentes ligadas a la Iglesia.

Aquí nos limitaremos a recordar la Encíclica *Quadragesimo anno,* publicada por Pío IX el 15 de mayo de 1931, que contenía una abierta condena polémica del intervencionismo del régimen fascista en la vida de la sociedad civil (recuérdese el fuerte contraste sobre la libertad de la Acción Católica). Vale la pena citar las palabras, que contienen un claro criterio directivo de la subsidiariedad entendida como garantía de reconocimiento de la capacidad de autonomía: «Pero debe sin embargo quedar firme el importantísimo principio en la filosofía social: que así como es ilícito quitar a los individuos lo que éstos pueden realizar con sus fuerzas e industria para confiarlo a la comunidad, así es injusto remitir a una sociedad mayor y más amplia aquello que las comunidades menores e inferiores pueden hacer. Y todo ello en conjunto es un grave daño y un trastorno para el correcto orden de la sociedad, porque el objeto natural de cualquier intervención de la sociedad misma es el de ayudar *de forma supletoria* a los miembros del cuerpo social, no ya destruirlos o absorberlos» (la cursiva es nuestra).

Como se puede comprobar, en estas palabras el principio de subsidiariedad se presenta «de forma supletoria», en la acepción misma que ha sido acogida en las formulaciones de la más reciente doctrina jurídica italiana. El reclamo al magisterio pontificio quiere subrayar el hecho, que en la doctrina de la Iglesia no tiene un valor primordial y absoluto, como comúnmente se mantiene, el principio de solidaridad, que no es opuesto, sino por el contrario integrativo respecto al de la subsidiariedad.

12. SIGUE: SUBSIDIARIEDAD COMO PROMOCIÓN

Junto a esta función tutelar del principio de subsidiariedad horizontal, hay que tener presente la importancia que asume la función de la *promozionalità* desarrollada por el mismo principio, en cuanto éste debe además conseguir la «remoción de los obstáculos de orden económico y social que limitando de hecho la libertad e igualdad de los ciudadanos, impiden el pleno desarrollo de la persona humana» (art. 3 de la Constitución italiana). Pero tal desarrollo se constata «ya como individuo, ya en las formaciones sociales donde se desarrolla su personalidad» (art. 2 de la Constitución italiana).

No es concebible que en situaciones de emergencia (esto es, de peligro público y de epidemia, etc.), de deficiencia organizativa de la vida civil (por ejemplo en los sectores de transportes y de abastecimiento de bienes esenciales como el agua, la energía eléctrica, etc.), de exigencia social (como para la defensa del medio ambiente), el principio de subsidiariedad se decida en forma de abstención o de retroceso de la intervención estatal, sin más.

En efecto, siendo el principio de subsidiariedad horizontal un principio de ética pública, es decir, de protección de la iniciativa privada en sus diferentes variantes (social, económica, religiosa), éste no puede eximirse de la participación directa en la remoción de obstáculos interpuestos a la libertad de iniciativa; más bien, podría añadirse a la libertad de búsqueda de la felicidad, que es uno de los derechos naturales reconocidos, y que comporta la anulación de vínculos a la libertad y la eliminación de la humillación infligidos a la dignidad humana. Se piensa en la protección de los derechos de la infancia y en la remoción de los obstáculos interpuestos a la inserción de disminuidos físicos en la vida social.

Entendido también en este sentido de participación activa, el principio de subsidiariedad adquiere su pleno significado, ya que cada una sus dos funciones no es exclusiva respecto a la otra; ambas están ligadas entre sí en una relación dialéctica, en cuanto cada una de ellas comporta la presencia de la otra: *protección y promoción de la libre actividad del ciudadano por parte del Estado.*

La promoción representa el momento dinámico de la protección estática de la autonomía individual, ya que se dirige a la remoción de los obstáculos que se interponen a la libre iniciativa y consiente el desarrollo que, en caso contrario, estaría coartado y por ello irrealizable.

A este respecto, se menciona al menos la referencia a la función promocional contenida en otra norma de la Constitución, el art. 4, según el cual «la República reconoce a todos los ciudadanos el derecho al trabajo y *promueve las condiciones que hacen efectivo* este derecho» el cual está configurado como correspondiente al «deber de desarrollar, según sus posibilidades y su elección, una actividad o función que participe al progreso material o espiritual de la sociedad» (art. 4 de la Constitución italiana).

Además, hay que mencionar el desarrollo del principio de subsidiariedad en su doble función, que consiente el ejercicio de la libertad de competencia, la cual está reconocida y protegida también con el recurso a la legislación antimonopolio y la vigilancia de una Autoridad de garantía, donde resulta claro que la intervención legislativa y administrativa del poder estatal realiza una función de soporte (no ya de sustitución y ni siquiera de integración) al desarrollo de la libre libertad económica de los ciudadanos individuales, de los grupos sociales y de los entes privados que la disfrutan.

Para concluir, el principio de subsidiariedad se ha convertido en una idea fuerte del Constitucionalismo contemporáneo. De aquel Constitucionalismo, que está fortaleciendo sus sólidas raíces a través de la experiencia político-institucional-económica europea, que indica este final de siglo y que se abre al próximo. Las Constituciones y los Constitucionalismos de los Estados adheridos a la Unión europea no pueden caminar separadamente por el recorrido europeo, más bien deben necesariamente adecuarse a éste. Así es para el principio de subsidiariedad, que ha encontrado su pleno reconocimiento normativo a nivel comunitario -en aquella que se suele llamar Constitución europea- y que en cambio a duras penas se encuentra a nivel nacional. Detrás de la envolvente temática de la subsidiariedad, lo mismo en la versión vertical que en la horizontal, resalta, sin embargo, una difusa concepción orientada mayormente a través de formas de acentuación de una filosofía política liberal, que se manifiesta en el concreto movimiento de intolerancia de la sociedad civil en los conflictos de una estatalidad invasora, en la cual las articulaciones del poder público sean expresión de un pluralismo solamente aparente.

13. Algunas referencias bibliográficas

Sobre el principio de subsidiariedad en el ordenamiento comunitario: P. Caretti, «Il principio di sussdiarietà e i suoi riflessi sul piano dell´ordinamento comunitario e dell´ordinamento nazionale», en *Quaderni costituzionali,* n.º 1, 1993; G. Strozzi, «Il ruolo del principio di sussidiarietà nel sistema dell´Unione europea», en *Rivista italiana di diritto pubblico comunitario,* n.º 1, 1993; S. Cassese, «L´aquila e le mosche: principio di sussidiarietà e diritti ammnistrativi nell´area europea», en *Foro italiano,* n.º 10, 1995; M. L. Fernández Esteban, *El principio de subsidiariedad en el ordenamiento europeo,* Madrid, 1996; C. Cattabrica, «Il protocollo sull´applicazione dei principi di sussidiarietà e di proporzionalità», en *Il Diritto dell´Unione Europea,* n.º 2-3, 1998; G. D'Agnolo, *La sussidiarietà nell´Unione Europea,* Padova, 1998.

Sobre el principio de subsidiariedad en los ordenamientos extranjeros: v. estudios reunidos en el volumen *Sussidiarietà e ordinamenti costituzionali. Esperienze a confronto,* a cargo de A. Rinella, L. Coen, R. Scarciglia, Padova 1999, con contribuciones sobre la subsidiariedad en Alemania, Francia, Portugal, España y Bélgica; R. Hofmann, «Il principio di sussidiarietà. L´attuale significato nel diritto costituzionale tedesco ed il possibile ruolo nell´ordinamento dell´Unione europea», en *Rivista italiana di diritto pubblico comunitario,* n.º 1, 1993; G. Drago, «Le principe de la subsidiaritè comme principe de droit constitutionnel», en *Revue internationale de droit comparè,* n.º 2, 1994.

Sobre el principio de subsidiariedad en el ordenamiento italiano: E. Tosato, «Sul principio di sussidiarietà dell´intervento statale», en *Nuova Antologia,* 1959; A. D'Atena, «Il principio di sussidiarietà nella costituzione italiana», en *Rivista italiana di diritto pubblico comunitario,* n.º 3-4, 1997; M. Chiti, «Principio di sussidiarietà, pubblica amministrazione e diritto amministrativo», en *Diritto pubblico,* n.º 2, 1995; con particular referencia a la tématica de las libertades económicas y de los derechos sociales: A. Moscarini, «Sussidiarietà e libertà economiche», en el volumen *Trasformazioni della funzione legislativa,* vol. I, a cargo de F. Modugno, Milano, 1999; V. Baldini, «La sussidiarietà come «valore» e come formula organizzatoria: riflessioni su una *schlagwort* del diritto pubblico», en el vol. *I diritti sociali tra regionalismo e prospettive federali,* a cargo de L.Chieffi, Padova, 1999; con referencia a los problemas derivados de las ayudas a favor del *Mezzogiorno* de Italia: G. Pitruzzella, «La questione meridionale come questione istituzionale», en *Archivio di diritto costituzionale,* n.º 4, 1997; sobre la relación subsidiariedad/solidaridad: S. Galeotti, «Il valore della solidarietà», en el vol. *Liber Amicorum in onore di Vittorio Frosini,* vol. II, Milano, 1999.

Sobre el principio de subsidiariedad en las propuestas de reforma constitucional avanzadas en la Bicameral: G. Razzano, «Il principio di sussidiarietà nel progetto di riforma della Costituzione della Commissione Bicamerale», en *Diritto e società,* n.º 4, 1997; G. Motzo, «Sussidiarietà e "federalismo forte"», en *Ideazione,* n.º 1, 1998, A. Chiappetti, «Principio di sussidiarietà, poteri pubblici ed autonomia privata», en el vol. I *costituzionalisti e le riforme,* a cargo de S. Panunzio, Milano, 1998; P. Ridola, «Forma di Stato e principio di sussidiarietà», en el vol. Associazione italiana dei Costituzionalisti, *La riforma costituzionale. Atti del convegno Roma 6-7 novembre 1998,* Padova, 1999.

Nuevas tecnologías y constitucionalismo*

SUMARIO:

* Traducido del italiano por Yolanda Gómez Lugo.

1. Algunas cuestiones metodológicas

Antes de examinar la relación entre las nuevas tecnologías y el costitucionalismo, con particular atención a las libertades constitucionales, considero necesario precisar algunas cuestiones de orden metodológico con el fin de esclarecer mejor los términos de la misma.

Primera cuestión: entiendo por «tecnología» el *fecondo connubio* de ciencia y técnica, que se ha constatado con el fomento de la investigación científica hacia objetivos prácticos y con el progreso de la ciencia, en la medida en que se encuentra vinculada y sometida a la investigación científica; por tanto, la tecnología seria el producto de la ciencia. Segunda cuestión; en mi informe daré preferencia al análisis de las libertades con referencia a la tecnología informática, más que a otras formas de expresión de la tecnología, como por ejemplo las relativas a los problemas derivados de la biogenética[1]. Tercera cuestión: aclaro rápidamente cuál es mi convicción respecto a la relación entre tecnologías y libertades; en mi opinión, las tecnologías representan un desarrollo de las libertades, esto es, las libertades han podido desarrollarse y expandirse notablemente a través de nuevas fronteras del actuar humano gracias precisamente al progreso tecnológico.

Existe una cuarta cuestión de orden metodológico, cuyo punto de partida se sitúa en el siguiente interrogante: desde el punto de vista del derecho constitucional, las tecnologías ¿determinan nuevas formas de derechos de libertad o se fundamentan, y por consiguiente, pueden ser reconocidas en el ámbito de las libertades constitucionales tradicionales? O bien ¿es necesario redactar nuevas normas constitucionales para definir las liberta-

1 Sobre esta problemática se remite, para las cuestiones de teoría general, a V. Frosini: «Bioética», en *Enciclopedia Italiana, Appendice 2000,* vol. I, Roma, 2000, págs. 209 y ss.; para los aspectos constitucionales, v. G. F. Ferrari: «Biotecnologie e diritto costituzionale», en *Diritto pubblico comparato ed europeo,* n. 4, 2002, págs. 1563 y ss.

des que han sido creadas con el progreso de la tecnología, o más bien, pueden interpretarse las normas constitucionales vigentes recabando de ellas nuevas figuras jurídicas de los nuevos derechos de libertad? Esta cuestión presupone, sin embargo, otra más general: si las Constituciones representan el reflejo y la síntesis de la sociedades ¿cómo surge y se manifiesta en las Constituciones contemporáneas la actual sociedad tecnológica?

Intentar dar respuesta a estos dos interrogantes, en particular al segundo, me llevaría a desarrollar un razonamiento largo y complejo, que no es posible realizar aquí. Valga solamente este *flash:* en el período en que vivimos, marcado por la globalización, las sociedades de individuos no pueden adaptarse tanto al ámbito de las Constituciones estatales, dado que responden a una serie de reglas supraconstitucionales, de carácter global y no local[2]. Los problemas jurídicos planteados por la tecnología informática, tanto en la esfera del derecho constitucional, como en la del derecho privado, no logra encontrar en la dimensión estatal la sede más idónea para solucionarlos. He aquí por qué, y llego así a la quinta y última cuestión metodológica, el análisis de la relación entre tecnologías (informáticas) y libertades constitucionales no puede no desarrollarse en el prisma del derecho comparado, en la medida en que se trata de una temática que escapa siempre a la dimensión estatal por estar comprometida con los procesos de globalización. Basta pensar en Internet, y en su vocación natural a la extraterritorialidad, en cuanto ésta traspasa los confines de los Estados nacionales, supera las barreras aduaneras, elimina las diferencias culturales entre los pueblos.

Dicho esto, añado sin embargo que no puede considerarse superado completamente el ejercicio hermenéutico de querer aplicar las libertades constitucionales estatales a los fenómenos de las tecnologías informáticas. Por tanto, en la actualidad sigue siendo útil releer la libertad de información, como derecho a ser informado, así como a informar, la libertad de comunicación, la libertad de asociación, la libertad de reunión, la libertad de iniciativa económica privada y las libertades políticas; todo ello, a

---

2 Sobre estas cuestiones, v. M. R. Ferrarese: *Il diritto al presente. Globalizzazione e tempo delle istituzioni*, Bologna, 2003, págs. 105 y ss.

la luz del desarrollo de la tecnología informática y con el fin de determinar así las formas de protección de las nuevas situaciones jurídicas subjetivas. Sobre este punto regresaré más adelante con mayores atenciones, tomando como punto de partida las decisiones del Tribunal Supremo americano sobre el caso de Internet. Antes, sin embargo, creo inexcusable redefinir un nuevo derecho de libertad, que aun siendo fruto únicamente de la reflexión doctrinal, sea expresivo de las nuevas formas de libertad originadas con la llegada de la sociedad tecnológica.

2. La libertad informática, ayer y hoy

Permítaseme, por tanto, retomar aquí una doctrina muy querida para mí, que es la doctrina de la libertad informática. Esta doctrina nació en el ya lejano año 1981 con la intención de dar un respiro teórico al problema que entonces preocupaba mayormente al jurista comprometido con la temática del derecho de la informática, que era el de la protección de la *riservatezza* con referencia a los bancos de datos. En primer lugar, se subraya como la doctrina de la libertad informática tenía su matriz ideológica en la concepción de un nuevo liberalismo, entendido como perturbación transformadora de una sociedad liberal impulsada por la revolución tecnológica; y se desarrollaba sobre la base de una dimensión nueva del derecho de libertad personal, en una fase histórica de la sociedad industrial caracterizada por la aparición de los aparatos electrónicos. Típico derecho nuevo instituido por la evolución de la sociedad tecnológica, el derecho de libertad informática manifiesta un aspecto nuevo de la vieja idea de la libertad personal y constituye el avance de una frontera nueva de la libertad humana a través de la sociedad futura.

En su versión original, expuesta en 1981, la libertad informática venía configurada —de igual modo que la política— en su vertiente *positiva* y *negativa*. La libertad informática negativa, expresa «el derecho a no difundir ciertas informaciones de carácter personal, privado, reservado» (calificativos estos, que podrían, en determinados casos, no coincidir entre ellos); en cambio, la libertad informática positiva expresa la facultad «de ejercitar un derecho de control sobre los datos concernientes a la propia persona que están fuera del marco de la *privacy* por haberse convertido en elementos de *input* de un programa electrónico, y por tanto, libertad informática positiva, o derecho subjetivo de reconocimiento, de conocimiento, de corrección, de recopilación o añadidura de datos en una tarjeta electrónica personal»[3].

De este modo el derecho de libertad informática asume una forma nueva del tradicional derecho de libertad personal, como derecho a controlar las informaciones sobre la propia persona, como derecho del *habeas data*. La evolución jurisprudencial ha reconocido y afirmado este nuevo derecho de libertad en los términos de protección de la autonomía individual, como exigencia pasiva en relación con los detentadores del poder informático, de los particulares o de las autoridades públicas. Con la legislación nueva sobre protección de las personas respecto al tratamiento de datos personales (en Italia, la ley n.675 de 1996) enriquecida por la normativa europea, la noción del derecho de libertad informática ha encontrado reconocimiento en el derecho positivo, pero mientras ha sufrido cierta transformación, ya que el derecho de protección de datos personales tiene lugar con relación a cualquier tratamiento de éstos, aunque no el electrónico; y ha tenido otra mutación de su carácter, antes inspirado en el principio de la defensa ante el poder informático, ahora considerado como un derecho activo de participación del ciudadano en el circuito de la información. Emerge así el problema del reconocimiento de un derecho a la identidad personal como nuevo derecho a la personalidad, constituido por la proyección social de la personalidad del individuo, que se asimila a un interés del sujeto a ser representado en la vida social con su verdadera identidad. La libertad de custodiar la privacidad informática individual se ha convertido también en libertad de comunicar a los demás las informaciones transmisibles por vía telemática, para ejercitar así la libertad de expresión de la propia personalidad sirviéndose de los sistemas de comunicación automatizados.

3 Cfr. el informe de V. FROSINI: «La protezione del la riservatezza nella societá informática», en el vol. *Privacy e banche dei dati,* a cargo de N. MATERUCCI, Bologna, 1981, págs. 37 y ss. (después incluido en el vol. *id. Informática, diritto e societá,* 2.ª ed., Milano, 1992, págs, 173 y ss.)

El derecho a la libertad informática adquiere hoy otro significado como consecuencia de la aparición de Internet, lo que permite mostrar su actualidad teórica. En efecto, con Internet el derecho de libertad informática «se ha transformado en una exigencia de libertad en sentido activo, no libertad *desde* sino libertad *de,* que es la de valerse de los instrumentos informáticos para dotarse de y obtener información de todo género. Es el derecho de participación en la sociedad virtual, creada, generada, originada, con la llegada de los instrumentos electrónicos en la sociedad tecnológica: es una sociedad de componentes variables y de relaciones dinámicas, en la cual cada individuo participante es soberano en sus decisiones»[4]. Nos encontramos, indudablemente, frente a una nueva forma de libertad, que es la de comunicar con quien se quiere difundiendo opiniones propias, pensamientos propios y materiales propios, y la libertad de recibir. Por tanto, libertad de comunicar como libertad para transmitir y recibir. No es solamente el ejercicio de la libre manifestación de pensamiento del individuo[5], sino más bien la facultad de éste de constituir una relación de transmisión y solicitud de información, de poder disponer sin limitaciones del nuevo poder de conocimiento conferido por la telemática; en resumen, de poder ejercitar el derecho individual de libertad informática. Queda claro, pues, como en esta nueva concepción *tecnologizzata* de la libertad de comunicación resulta forzado sostener los contenidos de las libertades constitucionales tradicionales, en particular la de comunicación y la de manifestación de pensamiento[6]. Por

4 V. FROSINI; «L'orizzonte giuridico dell'Internet», en *Il diritto dell'informazione e dell'informatica,* n. 2, 2000, pág. 275.

5 Sobre este punto se puede recordar !a posición de L, PALADIN: *Diritto costituzionale,* 2.ª ed., Padova, 1995, pág. 610, quien sostiene que en la libertad de comunicación, más que en la libertad de manifestación de pensamiento, estaría el nexo con la libertad personal (v. «Liberta di pensiero e liberta d'informazione: le problematiche attuali», en *Quaderni costituzionali,* n. 1, 1987, pág. 5 y ss.).

6 Sobre esta problemática, véase la monografía de A. VALASTRO: *Libertà di comunicazione e nuove tecnologie,* Milano, 2001, en la voz pionera de la enciclopedia de P. COSTANZO: «Internet (diritto pubblico)», en *Digesto delle discipline pubblicistiche,* IV ed., Torino, 2000, págs. 347 y ss. (también, «Aspetti problemático del regime giuspubblicistico di Internet», en *Problemi dell'informazione,* n. 2, 1996, págs. 183 y ss.

tanto, es la libertad informática la que representa la nueva libertad constitucional de la sociedad tecnológica, como demuestran algunas experiencias de Constituciones recientes y como puede recabarse, sin duda, a través de una interpretación evolutiva de las Constituciones menos recientes.

3. La libertad informática en algunas constituciones recientes

En el análisis de la libertad informática bajo el prisma del derecho constitucional, y volviendo la mirada a través de algunas Cartas constitucionales recientes, se puede observar como la elaboración de la normativa constitucional ha tenido en cuenta el desarrollo tecnológico informático, y por tanto, se ha procedido a redactar normas constitucionales de las cuales puede deducirse el principio de libertad informática en sentido activo y pasivo. Me limito solamente a citar algunos ejemplos, entre los más significativos. Ahora bien, no pueden olvidarse dos Constituciones europeas que han introducido el principio de libertad informática (aunque aún no sea en la versión activa y pasiva); se trata de las Constituciones española y la portuguesa, ambas de finales de los setenta[7].

Pero pasemos a examinar algunas Constituciones recientes. La Constitución de la República de Sudáfrica[8] de 1993 prevé tres

---

7 Me refiero al artículo 35 de la Constitución portuguesa de 1976 y al artículo 18.4 de la Constitución española de 1978. Sobre esta última, en particular, v. A. E. Pérez Luño: «Informática y Libertad. Comentarios al artículo 18.4 de la Constitución española», en *Revista de Estudios Políticos*, núm. 24, 1981, págs. 46 y ss.; y con especial referencia a la Ley Orgánica que ha desarrollado la norma constitucional, v. «La LORTAD y los derechos fundamentales», en *Derecho y Libertades*, n. 1, 1993, págs. 405 y ss. Más recientemente puede consultarse la Ley Orgánica 15/1999, sobre la cual, permítaseme me remita a T. E. Frosini: «La nuova legge spagnola sulla protezione dei dati personali», en *Il diritto dell'informazione e dell'informática*, n. 6, 2000, págs. 769 y ss.

8 Léase en el volumen *Costituzioni straniere contemporanee*, vol. II: *Le Costituzioni di sette Stati di recente ristrutturazione*, a cargo de P. Biscaretti di Ruffia con la colaboración de M. Ganino, VI ed. enteramente reestructurada, Milano, 1996, págs. 25 y ss. Sobre la Constitución Sudafricana, v. el reciente estudio de R. Spitz-M. Chaskalson: *The Politics of Transition. A Hidden History of South Africa's Negotiated Settlement*, Oxford, 2000.

artículos que interpretándolos conjuntamente hacen emerger el derecho de la libertad informática. El artículo 13 titulado *Privacy* dice: «Cada persona tendrá derecho a la propia *privacy,* que incluirá el derecho a no ser sometido a persecuciones de la propia persona, casa o propiedad, a no sufrir el secuestro de bienes privados o la violación de las comunicaciones privadas». El artículo 15 dedicado a la *libertad de expresión,* en particular el primer apartado afirma: «Cada persona tendrá derecho a la libertad de palabra y de expresión, comprendiendo la libertad de prensa y el uso de otros *media y* la libertad de creatividad artística y de investigación científica». Y finalmente el artículo 23 sobre el *acceso a la información* dispone: «Cada persona tendrá derecho de tener conocimiento de las informaciones disponibles por el Estado o cualquiera de sus órganos a cada nivel de Gobierno, en cuanto tales informaciones sean requeridas para la el ejercicio o protección de los derechos individuales».

Igualmente interesantes resultan las normas constitucionales para la protección del derecho de libertad informática prevista en la Constitución de la Federación Rusa de 1993[9]. El artículo 23 prevé que «Cada uno tiene derecho a la inviolabilidad de la vida privada, al secreto personal y familiar, a la defensa del honor propio y del nombre propio. Cada uno tiene derecho al secreto de la correspondencia, de las conversaciones telefónicas, de las comunicaciones postales, telegráficas y de cualquier otro tipo. Las limitaciones de este derecho podrán realizarse exclusivamente por decisión judicial»; el siguiente artículo 24, en su primer párrafo, afirma que «no está admitida la, conservación, utilización y difusión de informaciones sobre la vida privada de una persona sin su consentimiento»; por último, el cuarto párrafo del artículo 29 establece: «Cada uno tiene el derecho de buscar, recibir, transmitir, producir y difundir libremente con medios legítimos. Un elenco de las informaciones que constituyen secreto de Estado está establecido por la Ley federal».

9 Léase en el volumen *Costituzioni straniere contemporanee,* vol. II: *Le Costituzioni di sette Stati di recente ristrutturazione, op. cit.,* págs. 255 y ss.

Debe recordarse, sin duda, la Constitución federal de la Confederación suiza, profundamente modificada en 1993[10]. Varios artículos dan sentido, de forma clara, al derecho de libertad informática. El artículo 13, relativo a la *protección de la esfera privada,* afirma que «Cada uno tiene derecho al respeto de su vida privada y familiar, de su domicilio, de su correspondencia, así como de sus relaciones vía postal y telecomunicaciones. Cada uno tiene derecho a ser protegido de un empleo abusivo de sus datos personales». En el artículo 16, párrafo tercero, después del reconocimiento de la libertad de opinión y de información, se señala que «Cada uno tiene derecho a recibir libremente información, así como de facilitárselas a través de fuentes accesibles a todos y de difundirlas». El artículo 17, que disciplina la libertad de los *media,* sostiene que «La libertad de prensa, de radio y de televisiones, así como de otras formas de teledifusión pública de producción e información está garantizada».

Para tener una mejor comprensión de la constitucionalización del principio de libertad informática se requiere, sin duda, volver la mirada hacia el continente de América Latina, que representa un interesante laboratorio constitucional de nuevos derechos, y donde la doctrina de la libertad informática ha sido más influyente[11], hasta el punto de haber sido recibida e incluso constitueionalizada en muchos ordenamientos de aquel continente.

En muchas Constituciones Latinoamericanas, encontramos diversas normas que hacen referencia clara y explícita a la protección de situaciones subjetivas derivadas de la tecnología in-

---

10 Véase el texto de la Constitución federal de la Confederación Suiza en *La revisione della Costituzione federale svizzera,*a cargo de A. REPOSO, Torino, 2000 (con una serie de contribuciones comentando la revisión constitucional).

11 Para la doctrina de las libertad informática en la cultura jurídica latinoamericana, V. FROSINI: *Informática y Derecho*, Bogotá, 1988; v. E. SÁNCHEZ JIMÉNEZ: «Los derechos humanos de la tercera generación: la libertad informática» (comunicación presentada ante el III Congreso Iberoamericano de Informática y Derecho), en *Informática y Derecho*, n. 3, 1992, págs. 85 y ss. Véase la monografía de C. CASTILLO JIMÉNEZ: *Las nuovas tecnologias de la información y el derecho. De Vittorio Frosini a Internet*, Sevilla, 2003.

formática. De este modo, se ha confirmado el *Habeas data costituzionale,* como nueva garantía jurisdiccional del derecho público latinoamericano; el fin del *habeas data costituzionale* consiste, como sostiene Eduardo Rozo Acuna en un reciente estudio dedicado a este tema, en asegurar entre otros «la libertad informática como garantía personal para conocer y acceder a las informaciones personales existentes en los bancos de datos, para controlar su contenido y poder, por tanto, modificarlos en caso de inexactitud y archivo o tratamiento indebido, así como decidir sobre su circulación»[12].

Las diversas experiencias sobre el *habeas data constitucional* en América Latina se pueden dividir en tres categorías: a) países donde la Constitución ha previsto de forma directa, completa y precisa el *habeas data* (Guatemala, Brasil, Colombia, Paraguay, Perú, Ecuador, Argentina, Venezuela); b) países que prevén la garantía a través de la legislación o de forma indirecta mediante el recurso de amparo constitucional (Chile, Costa Rica, Bolivia, Nicaragua, Honduras); c) el resto de experiencias que prevén una tutela indirecta del *habeas data* (Panamá, México, Urugauya y Salvador).

Entre las Constituciones latinoamericanas que consagran el principio de la libertad informática, me limito a recordar aquí la Constitución de la República Federal de Brasil[13] de 1999, cuyo artículo 5 apartado LXXII afirma que «se admite la acción del *habeas data:* a) para asegurar el conocimiento de información relativa a la persona del solicitante, resultando de registros o bancos

12 Cfr. E. ROZO ACUSA: «Habeas Data *costituzionale*: nuova garanzia giurisdizionale del diritto pubblico latinoamericano», en *Diritto pubblico comparato ed europeo*, n. 4, 2002, 1923 (*ivi*, en las notas de este escrito se recogen numerosas referencias bibliográficas, legislativas y jurisprudenciales). Sobre el *habeas data,* véase también, A. E. PÉREZ LUÑO: «Intimidad y protección de datos personales: *del* habeas corpus *al* habeas data», en AA.VV.: *Estudios sobre el derecho a la intimidad,* a cargo de L. GARCÍA SAN MIGUEL, Madrid, 1992, págs. 36 y ss.

13 Léase en el vol. *Le Costituzioni dell'America Latina,* vol. I: I *Paesi dell'area del Mercosur,* a cargo E. ROZO ACUNA y G. DONATI, Roma (ed. Senato della Repubblica), 2000, págs. 108 y ss. Véase también el artículo 5 párrafo XIV, donde se garantiza el acceso a la información y a la tutela del secreto de las fuentes, como parte fundamental del derecho de información y a la información. Para más detalle, v. E. ROZO ACUÑA: *op. cit.*, págs. 1928-1930.

de datos de entes gubernativos o de carácter público; b) para la rectificación de datos, cuando no se prefiera hacerlo mediante procedimiento secreto, judicial o administrativo». Así, merece la pena recordar el artículo 30 párrafo segundo de la Constitución de la República de Paraguay[14] (1992), que establece: «La ley asegura, con igualdad de oportunidades, el libre acceso a la utilización del espectro electromagnético, así como de los instrumentos electrónicos de acumulación y elaboración de información pública, sin otros límites que los impuestos por los reglamentos internacionales y por las normas técnicas. Las autoridades deben proceder para que estos últimos elementos no sean utilizados para lesionar la intimidad personal o familiar y los otros derechos establecidos en esta Constitución». La Constitución, en el artículo 135, determina los elementos fundamentales del derecho constitucional de *habeas data* y por tanto, la facultad de todos de acceder a la información y a los datos personales que existen en los registros oficiales o privados de carácter público; además, el derecho a conocer las finalidades de la recopilación y el uso de los mismos. En definitiva, el derecho de la persona a solicitar por vía judicial la actualización, la rectificación o la cancelación, cuando las informaciones o los datos fueran erróneos o dañasen ilegítimamente sus derechos. Para concluir esta breve, pero necesaria, exposición sobre el derecho de libertad informática en la Constitución latinoamericana, añado un *flash* sobre la disciplina constitucional del *habeas data* en la reciente Constitución de la República Bolivariana de Venezuela (1999). El artículo 28, en particular, dispone que todos tienen derecho de acceso a la información y a los datos, recogidos en los registros públicos o privados, que se refieran a la propia persona y sus bienes; el derecho informático comprende también la facultad de conocer el uso y la finalidad de los datos y de las informaciones recogidas (pudiendo el interesado dirigirse a los tribunales competentes), la actualización, la rec-

14 Véase en el vol. *Le Costituzioni dell'America Latina*, Vol. I: I *Paesi dell'area del Mercosur*, *op. cit.*, págs. 372 y ss. También el artículo 33 para la tutela del derecho al secreto y el artículo 135 sobre los aspectos fundamentales del derecho-garantía constitucional de *habeas data*. Sobre este punto, v. E. Rozo Acuña: *op. cit.*, págs. 1932-1933.

tificación o la cancelación, si la información o los datos fueran erróneos, incompletos o lesivos de derechos[15].

En definitiva, regresando a Europa, y en particular, a la Europa constitucional que se está gestando, es necesario mencionar el principio de libertad informática incorporado en la Carta europea de Derechos fundamentales, aprobada en Niza en diciembre de 2000. Este texto aun careciendo de efectos jurídicos, sin embargo está influyendo en la interpretación de normas internas y principios constitucionales; en su articulo 8, dedicado a la *Protección de los datos de carácter personal,* se afirma que: «Toda persona tiene derecho a la protección de los datos de carácter personal que le conciernan. Estos datos se tratarán de modo leal, para fines determinados y sobre la base del consentimiento de la persona afectada o en virtud de otro fundamento legítimo previsto por la ley. Toda persona tiene derecho a acceder a los datos recogidos que le conciernan y a su rectificación...»[16]. También se puede señalar el artículo 11 de la misma Carta, donde al recogerse la libertad de expresión y la de información se establece que éstas serán ejercitadas sin injerencias de las autoridades públicas y «... *sin consideración de fronteras*». Una exigencia ésta, que resulta significativa también con objeto de amparar la libertad de comunicación vía Internet; si bien, sobre este punto sería oportuno que la propia Europa unida intentase dotarse de reglas comunes a los Estados miembros para asegurar a todos el uso libre de Internet, y por tanto, un derecho común de Internet no como vínculo a la libertad en la red, sino más bien como condición para su correcta

---

15 Véase el texto constitucional venezolano en el vol. A. R. BREWER CARIAS: *La Constitución de 1999*, Caracas, 2000; v. También R. COMBELLAS: *Derecho Constitucional. Una introducción al estudio de la Constitución de la República Bolivariana*, Caracas, 2001.

16 V. El articulo 8 de la Carta europea de Derechos Fundamentales con el comentario de F. DONATI en el vol. *L'Europa dei diritti*, a cargo de R. BIFULCO-A. CELOTTO-M. CARTABIA, Bologna, 2001, págs. 83 y ss. Para las opiniones favorables que sostienen que la Carta europea de Derechos Fundamentales ejercita una influencia sobre la interpretación de las normas internas y de los principios constitucionales, cfr. *Las contribuciones aparecidas en el vol. I diritti fondamentali dopo la Carta di Nizza*, a cargo de G. F. FERRARI, Milano, 2001; por último, cfr. V. ZENO ZENCOVICH; «Le basi costituzionali di un diritto privato europeo», en *Europa e diritto privato*, n. 1, 2003, págs. 19 y ss.

expansión[17]. El *slogan* «redes libres en el ciberespacio libre», aunque pueda resultar eficaz y concluyente, colisiona con un principio que los juristas conocemos bien: la libertad requiere siempre de un marco institucional que le permita protegerse de los ataques que sobre ella puedan recaer aun sin voluntad censoria.

4. Internet y libertad (informática) constitucional en la sentencia del Tribunal Supremo de los EE.UU. de 1997

Regresemos ahora a nuestro tema e intentemos posicionamos frente a los problemas interpretativos respecto a las libertades constitucionales confirmadas en los períodos históricos precedentes a la llegada de la tecnología informática, con particular referencia al fenómeno reciente de Internet. Existen buenos motivos para creer que las libertades constitucionales tradicionales se verían reforzadas si se adecuaran conceptualmente a las nuevas posiciones subjetivas implicadas en el nuevo escenario tecnológico, y de igual modo, si se apelase al ordenamiento europeo. Por tanto, el jurista no puede considerar suficiente para la comprensión de Internet el recurso a los instrumentos conceptuales tradicionales y debe, más bien, empeñarse en un esfuerzo reconstructivo, cuyas líneas maestras se encuentran en gran parte

---

17 Se recuerda el primer intento completo del Consejo de Europa con la resolución de 25 de septiembre de 1995: cfr. «Risoluzione dell'Assemblea parlamentare sulla democrazia informatica», en *Il diritto dell'informazione e dll'informatica*, n. 1, 1996, págs. 173 y ss. (*ivi*, la nota de R. Sapienza). Consúltese también la propuesta avanzada, en abril de 2003, por Stefano Rodotà de aprobar una Constitución europea vía Internet; léase la noticia en la web: http://assoprovider.net/page-news-on-line.phtml?ID=147. V. la decisión del Tribunal de Justicia de las Comunidades Europeas (Sentencia de 6 de noviembre de 2003, *Lindqvist*, causa C-101/01), que prevé que la inserción en una página web de datos personales por parte de una persona que se encuentra en un Estado miembro constituye un «tratamiento de datos personales total o parcialmente automatizado» en el sentido del artículo 3, n. 1, de la Directiva CE95/46, en cuyo ámbito de aplicación recae. Las disposiciones de la Directiva 95/46 no determinan, en cada caso, una limitación incompatible con la libertad de expresión, garantizada, entre otros, por el artículo 10 CEDU, pero corresponde a las autoridades y a los jueces nacionales hallar el equilibrio justo entre la libre circulación de datos personales, la protección de la vida privada y la libertad de expresión.

aún en fase preparativa[18]. Ejemplar, por determinados aspectos, resulta el incidente jurisprudencial americano relativo al pronunciamiento del Tribunal Federal de Pennsylvania, primero, y del Tribunal Supremo, después, sobre la inconstitucionalidad de la ley que impedía las comunicaciones indecentes aparecidas en Internet. El caso es conocido, e incluso la doctrina italiana se ha ocupado ya del tema[19], si bien creo oportuno volver a recordarlo porque sugiere una serie de consideraciones significativas sobre Internet y las libertades constitucionales.

Paso a exponer los hechos brevemente. Ante el Tribunal de Pennsylvania fue impugnado, en 1996, el *Communications Decency Act* (Título V del *Telecommunications Act,* la ley de reforma de las telecomunicaciones aprobada por el Congreso en 1996), que regulaba los contenidos indecentes en Internet. El Tribunal declaró inconstitucional el *Communications Decency Act* porque contradecía la Primera Enmienda de la Constitución de los Estados Unidos[20], que afirma: «El Congreso no podrá elaborar ley alguna por la que adopte una religión como oficial del Estado o se prohíba practicarlas libremente, o que coarte la libertad de palabra o de imprenta, o el derecho de los ciudadanos a reunirse pacíficamente y de elevar peticiones al Gobierno para la reparación de agravios». El Tribunal Supremo, investido para el litigio,

---

18 Así, P. COSTANZO: «Internet (diritto pubblico)», *op. cit.*, pág. 349.

19 V. ZENO ZENCOVICH: «Manifestazione del pensiero, libertà di comunicazione e la sentenza sul caso "internet"», en Il diritto dell'informazione e dell'informatica, n. 4/5, 1996, págs. 640 y ss.; G. ZICCARDI: «La libertà di espressione in Internet al vaglio della Corte Suprema degli Stati Uniti», en *Quaderni Costituzionali,* núm., 1998, págs. 1233 y ss. Puede consultarse también sobre la vicisitud jurisprudencial americana en A. CERRI: «Telecomunizazioni e diritti fondamentali» y sobre todo, en P. COSTANZO: «Aspetti evolutivi del regime giuridico di Internet», ambos en Il diritto dell'informazione e dell'informatica, n. 6, 1996, págs. 785 y ss. y 831 y ss. Véase también el amplio panorama que ofrece A. M. BERNINI: *Profili della comunicazione nel diritto comparato,* Padova, 2001, págs. 140 y ss.

20 La sentencia del Tribunal federal de Pennsylvania se puede consultar en la dirección web: *http://eff.org/pub/Censors-hip/Internet_censorship_bills/HTML/960612_aclu_v_reno_decision.html;* y se encuentra traducida al italiano en versión casi íntegra en *Il diritto dell'informazione e dell'informatica,* n. 4/5, 1996, págs. 604 y ss. (con nota de V. ZENO ZENCOVICH: *op. cit.*).

confirmó la decisión de los jueces federales de Pennsylvania y dictó sentencia, de 26 de junio de 1997, en la que venía a desarrollar una serie de importantes observaciones referentes a Internet, en general, y a las libertades constitucionales[21]. No me referiré a las numerosas e importantes observaciones que se desarrollan en la sentencia sobre el significado y el papel de Internet «como medio de comunicación humana a nivel mundial único y absolutamente nuevo» (valga la siguiente referencia: «No es exagerado afirmar que el contenido de Internet es tan variado como el pensamiento del hombre»), así como sobre los sistemas para administrar Internet, especialmente, por cuanto concierne a las páginas *web* con contenido material sexualmente explícito; me centraré en el fondo de la decisión del Tribunal Supremo. Tras un razonamiento jurisprudencial, dialécticamente argumentado a través de algunos precedentes jurisprudenciales, se confirma la declaración de inconstitucionalidad de la ley por contradecir la Primera Enmienda de la Constitución, confirmando así la línea de libertad de expresión más que la relativa a la privacidad y al secreto de las comunicaciones, aunque también esta última se encuentra amparada constitucionalmente mediante la Enmienda XIV. Merece la pena recordar la afirmación con la que cierra la sentencia: «Los hechos probados demuestran que la expansión de Internet ha sido, y continúa siendo, impresionante. Es tradición de nuestra jurisprudencia constitucional presumir que, en ausencia de prueba en contrario, la regulación del contenido de la libertad de expresión es más probable que colisione con el libre intercambio de ideas, que lo incentive. El interés en impulsar la libertad de expresión en una sociedad democrática es superior a cualquier intento de protección de la censura, no demostrada.

Con referencia a la cuestión de Internet y las libertades constitucionales, emergen al menos dos observaciones. La primera: la sentencia examina el fenómeno Internet como problema consti-

---

21 La Sentencia del Tribunal Supremo de los EE.UU. se encuentra en la dirección: *www.aclu.org* y está traducida al italiano en *Foro Italiano*, Parte IV-2, 1998, págs. 23 y ss. (con nota de A. Cucinotta). Debe destacarse que la sentencia no ha sido adoptada por unanimidad, puesto que se incorpora la opinión discrepante del juez O'Connor y del *Chief Justice Rehnquist*, sean opiniones en parte adhesivas y en parte disconformes.

tucional evidenciando sus límites, pero sobre todo sus potencialidades para conseguir un aumento de las libertades, y por tanto, extrapola de la antigua Primera Enmienda de 1791 las formas de protección y garantía de la libertad de expresión en Internet. El mensaje que nos llega, entonces, es el de las extraordinarias capacidades hermenéuticas del texto constitucional, cuyos principios pueden adaptarse a todos los tiempos y todos los escenarios tecnológicos *(taking seriously principles,* se podría decir). De este modo, encuentra fundamento la tesis partidaria de adaptar las nuevas tecnologías a las normas constitucionales, en vez de adecuar la Constitución a las nuevas tecnologías[22]; y por consiguiente, de releer y reinterpretar las Constituciones a la luz del progreso tecnológico y de los efectos que éste produce en las sociedades contemporáneas. Pero préstese atención, y llego así a la segunda observación: el Tribunal Supremo, al utilizar la Primera Enmienda como parámetro de la constitucionalidad de las leyes limitativas de la libertad en Internet, la ha interpretado a la luz del siglo XX, esto es, haciéndola revivir y dándole un nuevo significado, que no es, ni puede ser, el originario. Por tanto, la Primera Enmienda de la Constitución americana en la edad tecnológica protege no sólo el derecho tradicional de libertad de expresión, sino también la libertad de palabra electrónica, la libertad de prensa electrónica, la libertad de reunión electrónica[23].

---

22 Se recoge la sugestiva propuesta adelantada por L. Tribe: *The Constitution in Cyberspace. First Conference on Computer, Freedom and Privacy,* que se encuentra en la siguiente dirección: *www.io.com/SS/tribe.html,* de introducir la enmienda vigésimo séptima a la Constitución, que debería prever que: «La protección garantizada por esta Constitución a la libertad de palabra y a la libertad de imprenta [...] debe ser interpretada en el sentido de que ésta sea siempre plenamente invocable independientemente del método tecnológico o del medio de comunicación mediante el cual el contenido de la información se genera, conserva, altera, transmite o controla». Sobre los problemas relativos a los derechos constitucionales en el ciberespacio, cfr. T. Cutrera: «The Constitution in Cyberspace: the Fundamental Rights of Computers Users», en *University of Missouri Law Review,* n. 60, 1991. págs. 139 y ss.; M. Whinw: «The Far Rights the Internet», en *The Governance of Cyberspace,* a cargo de Loader, New York, 1997.

23 Como afirma G. Ziccardi: *op. cit.,* pág. 132, «los motivos son claros: en primer lugar, toda la actividad que se desarrolla en un sistema informático on line es sólo aquella para recopilar, organizar y distribuir el *electronic speech,* la palabra electrónica de los usuarios que utilizan el sistema y enviando un mensaje elec-

En definitiva, la Primera Enmienda de la Constitución afirma y garantiza el derecho a la libertad informática, como nuevo derecho de libertad constitucional deducido de tos tradicionales derechos y principios constitucionales, que son interpretados en el contexto de la sociedad tecnológica. Corresponde a los jueces, y particularmente a los constitucionales, la tarea de saber reinterpretar la vieja tradición constitucional a la luz del progreso tecnológico; por tanto, a ellos atañe la labor de saber ser «juristas en la sociedad tecnológica», implicados en el seno de ésta, «viniendo a habitar en el nuevo mundo de la edad de automatización y a convivir con los problemas jurídicos que origina. Esta nueva condición del jurista, que participa ya de las dos formas de actividad, la humana y la tecnológica, refleja la condición general del hombre de hoy»[24].

La Sentencia del Tribunal Supremo anteriormente mencionada servirá como precedente judicial para la resolución de los futuros casos concernientes a las relaciones entre Internet y las libertades constitucionales, que aparecerán cada vez más frecuentemente. Como por ejemplo la sentencia de 16 de abril de 2002, en la cual el Tribunal Supremo ha declarado la inconstitucionalidad del *Child Pornography Prevention Act* (CPPA de 1996) por lesionar

---

trónico, *newsletter*, archivo de texto o documentos a otras personas. Esta actividad electrónica diaria ha sido calificada, desde hace tiempo, por el Tribunal Supremo y por otros Tribunales federales como *speech*, igual que la palabra tradicional o las publicaciones clásicas, protegidas, sin duda, por la Enmienda Primera». Sobre la aplicación de la Primera Enmienda a Internet, en la doctrina americana: K. M. SULLIVAN-G. GUNTHER: *Firs Amendment Law*, New York, 1999, págs. 453 y ss.

24 V. FROSINI: «The lawyer in technological society», en *European journal of law, philosophy and computer science*, vols. I-II, 1998, pág. 294 (tr. it.: «Il giurista nella società tecnologica», en *Sociologia del diritto*, n. 3, 1995, pág. 6, después incluido en el vol. *id.*, *Il giurista e le tecnologie dell'informazione*, 2.ª ed., Roma, ed. Bulzoni, 2000, pág. 10). Sobre el mismo tema, v. también, *id.*, *Il giurista nella societá dell'informazione*, Prolusione al primer curso de perfeccionamiento en informática jurídica de la Universidad de Catania en 2000, ahora publicada en el número especial dedicado a «Vittorio Frosini giurista-informatico. Una raccolta di scritti (1973-2000)», de la revista *Informatica e diritto*, n. 2, 2001, págs. 193-207.

la libertad de expresión de los ciudadanos[25]. El problema puede sintetizarse del siguiente modo: el CCPA prohibía la posesión y distribución de material pornográfico infantil, incluso las imágenes que representasen «niños virtuales»; bien vídeos o fotos de adultos que, mediante la utilización de medios informáticos, aparecían representados como niños; pues bien, faltando una implicación real de los menores en la producción del material pornográfico, la prohibición se presenta injustificada y, por tanto, sujeta ajuicio de constitucionalidad por vulnerar la Enmienda Primera de la Constitución.

Quisiera también citar otro caso particular, al que ha seguido una decisión judicial del Tribunal de Apelación de California, que se distingue por la solución adoptada. En efecto, los jueces califomianos aplicaron el delito de *trespass on chattel* en relación con un sujeto que había enviado mensajes *e-mail* a la cuenta de correo electrónico de los dependientes de una empresa (entre 8.000 y 35.000 personas), con el fin de avisarles de las prácticas laborales aplicadas por la empresa, por discriminatorias y ofensivas para las personas. Los jueces califomianos consideraron que con el envío de *e-mails* se había vulnerado y dañado la propiedad privada, en la medida en que la cuenta de correo electrónico pertenecía al *server* interno de la empresa[26]. La solución judicial

25 Véase la Sentencia del Tribunal Supremo de los EE.UU., de 16 de abril de 2002, Ashcroft *v.* Free Speech Coalition, que puede consultarse en la dirección: *http://laws.find-law.com/us/000/00-795.html,* Sobre esta decisión, y sobre otra también del Tribunal Supremo de 13 de mayo de 2002 (Aschcroft v. American Civil Liberties Union): *http://laws.find-law.com/us/0000/00-1293.html* también sobre libertad de expresión y material pornográfico en Internet, donde el Tribunal, sin embargo, ha retrotraído el procedimiento para un nuevo examen por el Tribunal de Apelación. Véase el comentario de L. CAPUZZI: «La Corte Suprema degli Stati Uniti tra tutela della libertà di espresione e difesa dei minori», en *Diritto pubblico comparato ed europeo,* n. 2, 2003 (en prensa).

26 La cuestión que ha originado la causa judicial y la consiguiente decisión de los jueces del Tribunal de Apelación de California se encuentra ahora —of course...— en Internet, en la dirección web: *www.eff.org/Cases/Intel v Hamidi,* o también en *www.intelhamidi.com* (Hamidi es el nombre del exdependiente de Intel, una empresa americana que produce procesadores de ordenador, autor del envío de los *e-mails* que han desencadenado el contencioso judicial). La sentencia ha sido recurrida ante el Tribunal Supremo de California, que hasta el momento no se ha pronunciado.

adoptada podría acarrear la consecuencia de considerar sancionable como *trespass on chattel*, cualquier aplicación colocada en Internet, desde el momento en que con ello se provoca la emisión de señales electrónicas, que en la mayoría de los casos acceden a las estructuras informáticas privadas. Parece claro entonces que la prohibición de enviar mensajes electrónicos no solicitados, en la medida en que se esté en desacuerdo con su contenido, implicaría introducir una potencial limitación del ejercicio general de la libertad de expresión en Internet[27]. Asi pues, también en estos supuestos se debería tratar de encontrar protección bajo la cobertura de la Primera Enmienda de la Constitución, en nombre del principio del pluralismo estadounidense basada en el *marketplace ideas.*

5. LA LIBERTAD INFORMÁTICA: SE CONSTITUCIONALIZA O SE DEDUCE CONSTITUCIONALMENTE

La solución adoptada por el Tribunal Supremo, antes mencionada, ¿podría ser acogida por los Tribunales Constitucionales europeos? La interpretación de la Primera Enmienda ¿constituye una peculiaridad de la experiencia jurídica americana, o más bien, puede asumirse como modelo de decisión jurisprudencial frente a los nuevos problemas derivados de Internet? Planteado en estos términos es difícil ofrecer una respuesta clara, puesto que debería tenerse en cuenta al menos las numerosas y sustanciales diferencias existentes entre las técnicas de decisión del Tribunal americano y las de los Tribunales europeos[28], así como

27 Asi, A. DE PETRIS: *internet e libertà di espressione – una relazione pericolosa?*, puede consultarse en la dirección web: *www.associazionedeicostituzionalisti.it/dibattiti*. Para una visión general de los problemas, cfr. N. LUGARESI: *Internet, privacy e pubblici poteri negli Stati Uniti*, Milano, 2000.

28 Partiendo de la decisión de la jurisprudencia estadounidense, A. CERRI; *op. cit.*, pág. 799, ha sostenido que «en nuestro sistema la cuestión terminaría siendo valorada no sólo desde la óptica del conflicto entre derechos, sino desde el punto de vista del equilibrio entre valores; e incluso, siendo la libertad de manifestación de pensamiento reconducible a un valor superior, difícilmente se pasaría por alto la consecuencia de que cada límite relativo debería inspirarse en el criterio rigurosos del *minimo mezzo;* y que, por tanto, estaría injustificado un límite más extenso que el necesario para salvaguardar una exigencia del

debería tenerse presente también la diferente formulación de las normas constitucionales[29]. Pues bien, queremos trazar aquí otra línea de derecho constitucional comparado. Quisiera poder considerar la sentencia del Tribunal Supremo, por así decirlo, *a rime obligate,* en cuanto muestra que, frente al nuevo escenario de la tecnología informática y su impacto sobre las libertades tradicionales del ciudadano, el juez constitucional debe saber recuperar las libertades constitucionales actualizándolas a través de la vía interpretativa y situándolas en el prisma del derecho de la libertad informática. Este nuevo derecho de libertad, aun no estando constitucionalizado explícitamente como en América Latina y en algunas Constituciones recientes anteriormente mencionadas, debe encontrar su legitimación constitucional a través del método hermenéutico y el argumento por principios, ambos ca-

---

mismo nivel». Por lo que se refiere a los Tribunales europeos, debe recordarse aqui, sobre el tema de Internet y las libertades, la decisión del *Conseil constitutionnel* francés n. 96-378 de 23 de julio de 1996 sobre la configuración de una disciplina general de acceso a Internet.

29 En particular, con referencia al pronunciamiento de inconstitucionalidad de la ley que regulaba los contenidos indecentes en Internet, se ha afirmado, por V. ZENO ZENCOVICH: *op. cit.,* pág, 642, que «no sólo la interpretación de la Primera Enmienda es peculiar en la experiencia jurídica americana, [mientras en la experiencia jurídica europea en cambio] existen disposiciones expresas constitucionales e internacionales que excluyen la obscenidad del campo de protección de la manifestación de pensamiento: léase el apartado cuarto de nuestro artículo 21 o el apartado segundo del artículo 10 de la Convención europea de derechos humanos». Pero incluso con referencia al artículo 21 de la Constitución italiana, hay que reconocer que esta norma constitucional está «mal preparada» en su formulación frente a las nuevas tecnologías, así como se muestra «mal preparada» frente al sistema radiotelevisivo y, por tanto, debe ser interpretada para adecuarse y hacer frente a la problemática derivada de las nuevas formas de información automatizadas; como así ha ocurrido para la materia radiotelevisiva, con la mediación de la jurisprudencia constitucional y el legislador. En particular, admitido, *rebus sic stantibus,* que «la comunicación en Internet es susceptible de incluirse plenamente en el paradigma del artículo 21 de la Constitución, viniendo a disfrutar de la garantía prevista, bien para el mensaje, o bien para el medio» [P, COSTANZO: «Internet (diritto pubblico)», *op. cit,,* pág. 357]; admitido esto, produce cierta perplejidad la idea de que una posible ley limitativas de las comunicaciones contraria a las buenas costumbres aparecidas en Internet puedan ser declaradas constitucionalmente legítimas en el sentido del artículo 21.6 de la Constitución.

racterizadores de la actividad de la justicia constitucional y que la sitúan como factor de renovación de los constitucionalismos contemporáneos[30].

Por consiguiente, quisiera concluir este punto con una consideración de síntesis. La unión entre las tecnologías informáticas y las libertades constitucionales ha generado el nuevo derecho de libertad informática, cuyo despegar jurídico he señalado anteriormente. Por tanto, hay que considerar la libertad informática como una libertad constitucional, que puede deducirse constitucionalmente, bien derivándola y haciéndola emerger de los principios constitucionales a través del trámite efectuado los Tribunales Constitucionales, o bien puede ser constitucionalizada, y en consecuencia, reconocida y determinada en el articulado de la Constitución, como así ha ocurrido en numerosas Cartas Constitucionales aprobadas recientemente en Europa y en el continente latinoamericano.

6. TECNOPOLÍTICA Y LIBERTADES CONSTITUCIONALES

La libertad informática no se agota, sin embargo, en la (renovada) dimensión de las comunicaciones y de la información. Esta comprende también la libertad política y la organización institucional. En efecto, es evidente como la tecnología se emplea para modificar las disposiciones institucionales establecidas y como el proceso democrático se ve profundamente influenciado por el modo en que circula la información, incluso la disponibilidad de ésta por parte de todos los ciudadanos aparece como un prerrequisito de este proceso. La libre circulación de información puede producir la formación de una conciencia civil y política, percibida como un llamamiento, no circunstancial, a los intereses y a la capacidad de juicio de cada ciudadano, que sería partícipe de un circuito comunitario de información y de responsabilidad.

30 Sobre esta cuestión, compleja y por tanto imposible de sintetizar aquí, debe recordarse la posición del juez del Tribunal Supremo de EE.UU., Antonin Scalia, según el cual la Constitución sería interpretada de modo que reflejase el propósito originario y no las aspiraciones de nuestro tiempo: cfr. A. SCALIA: *A matter of interpretation. Federal Courts and the law,* Priceton, 1997, págs. . Sobre la metodología interpretativa de! Tribunal Supremo de los EE.UU., v. R. F. NAGEL: *Judicial Power ande American Carácter,* Oxford, 1994.

La democracia en el siglo xxi se presenta de forma distinta a la de los siglos precedentes; cambia el significado de la representación y de la soberanía, muestra una nueva democracia de masas, que rompe el cerco cerrado de las élites del poder, obligando, por así decirlo, a los representantes de la voluntad popular a descender a la *piazza telemática* y a enfrentarse directamente con los representantes en las nuevas formas asumidas por la tecnopolítica[31]. La nueva democracia ha recibido ya diversas denominaciones: democracia «electrónica» (pero este término define el instrumento y no el agente), «virtual» (en este caso la indicación política resulta debilitada), «continua» (por su carácter de referéndum perenne), o bien, «nueva democracia de masas» (con referencia a la antigua democracia directa)[32]. Ésta ha recibido valoraciones contrapuestas, agrupándose sus intérpretes en dos grupos, uno de defensores y otro de detractores, divididos en tomo a la respuesta a la cuestión de fondo, que puede ser formulada del siguiente modo: el impacto político de las tecnologías informáticas sobre aquellos frágiles sistemas complejos que son las democracias contemporáneas ¿favorecería la construcción de un *agora* o de un totalitarismo electrónico?[33]. La dialéctica de los jueces sobre las nuevas formas de democracia se basa, sin embar-

31 Sobre esta cuestión, v. S. Rodota': *Tecnopolitica. La democrazia e le nuove tecnologie della comunicazione,* Roma-Bari, 1997; *id.,* «Liberté, opportunità, democrazia e informazione», en *Internet e Privacy: quati regole?,* Actas del Congreso organizado por el *Garante per la protezione dei dati personali,* Roma, 1998, págs. 12 y ss., que, con referencia a Internet, la define como «una forma que la democracia puede asumir, es una oportunidad para reforzar la declinante participación política. Es un modo para modificar los procesos de decisión política», pág. 15.

32 Para las distintas definiciones mencionadas, v. en el siguiente orden: L. K. Grossman: *The Electronic Repubblic. Reshaping Democracy in the Information Age,* New York, 1995; L. Scheer: *La democrazia virtuale,* tr. it. Genova, 1997; AA.VV., *La démocratie continue,* bajo la dirección de D. Rousseau, Paris-Bruxelles, 1995; V, Frosini: *La democrazia nel XXI secolo,* Roma, 1997 (*id.,* «La democrazia informatica non é autoritaria, ma di massa», en *Telèma,* n. 14, 1998, págs. 105 y ss.).

33 Así, A. di Giovine: «Democrazia elettronica: alcune riflessioni», en *Diritto e società,* n. 3, 1995, págs. 399 y ss., que examina también el impacto que puede tener en un sistema democrático los sondeos y la televisión (sobre este último aspecto, son numerosos los estudios dedicados: v. F. C. Aeterton: *Video Politics,* Lexington, 1984).

go, en un presupuesto común de discusión: la superación de la actual democracia de tipo representativo-parlamentario[34].

También la denominada democracia electoral, basada en el mecanismo del voto[35], está sufriendo ya transformaciones como consecuencia del desarrollo tecnológico de las sociedades contemporáneas. Por el momento, las transformaciones afectan esencialmente a las técnicas de votación, o al modo de votación. La papeleta electoral, papel sobre el cual se añade la elección política individual, está próxima a ser abandonada. En Estados Unidos, y recientemente también en Brasil[36], el denominado voto electrónico se encuentra en fase de experimentación, al preverse el ejercicio del voto a través del *computer*. En vez de hacer una señal con el lápiz en la papeleta electoral, se podrá presionar la tecla de un ordenador, en cuya pantalla se reproduzca la elección electoral electrónica, y se exprese el voto individual y la preferencia política. Esta técnica de votación, que se presenta simple para realizar en el caso del voto para el referéndum debiendo elegir sólo entre un sí o un no, permitiría tener los resultados electorales en un tiempo muy breve, una vez cerrada la votación, y evitaría cálculos y escrutinios fatigosos, siempre sujetos al riesgo del fraude electoral.

Pero los escenarios futuros de la democracia electoral no se detienen en el voto electrónico. En efecto, se podría prever

---

34 V, I. BUDGE: *The new Challenge of Direct Democracy,* Cambridge (UK), 1996, sostiene que cl nuevo reto de la democracia directa provee a los ciudadanos de instrumentos informativos y formativos para una participación consciente en la vida política de la comunidad a la que pertenece y llevará a revitalizar los organismos representativos. Sobre la cuestión de la superación de los métodos tradiciones representativo-parlamentarios, v. la propuesta de B. ACKERMAN: *La nuova separazione dei poteri,* tr. it., Roma, 2003 (sobre éste véase mi recensión crítica en *Diritto pubblico comparato ed europeo,* n. 2, 2003, págs. 886-888). En general, sobre la relación entre el sistema representativo y la incidencia sobre éstos por parte de la tecnología, v. L. CUOCOLO: «Democrazia rappresentativa e sviluppo tecnológico», en *Rassegna Parlamentare,* n. 4, 2001, págs. 959 y ss.

35 Sobre la cuestión, consiéntaseme remitir a lo escrito y argumentado en T. E. FROSINI: *Le votazioni,* Roma-Bari, 2002.

36 V. la crónica periodística de F. COLASANTI: «In Brasile si vota al computer, a Roma con la matita», en *Il Sole 24 ore,* de 24 de mayo de 2002.

el voto a través del propio *home computer*[37], o incluso mediante el televisor con la ayuda del mando a distancia. Cierto, esta técnica de votación «casalinga» si, de una parte, reduce el abstencionismo (y los gastos electorales), de otra, sin embargo, impondría la fijación de toda una serie de garantías (también de carácter técnico) para la salvaguardia de la libertad de voto. También, y probablemente sobre todo, en la época de la *política tecnológica y globalizada* permanece un valor constitucional que hay que proteger celosamente; pero frente al futuro debemos mostramos optimistas y participar en un progreso renovado de la sociedad. Entonces, bienvenida sea la nueva democracia tecnológica del siglo XXI basada en la libre iniciativa individual, en la responsabilidad del ciudadano como persona, en su facultad de elección y decisión. El voto individual pasa a ser protegido y potenciado en su posición telemática, que elimina la manipulación, los errores y los fraudes de los sistemas de papel, que permite una posibilidad de elección con el voto separado, o alternativo, o de reserva que puede controlarse o calcularse con la ayuda de los ordenadores. Es una democracia no delegante, sino participativa que manifiesta una nueva forma de libertad dirigida desde la participación del ciudadano en la vida de la colectividad, interviniendo en el poder político. Nace así una «república libre de la información automatizada [que] equivale, por su funcionalidad de comunicación y por tanto de sugerencia, de revelaciones, de acuerdos y de delegaciones, a una nueva forma democrática de sociedad, que instaura las condiciones técnicas para el ejercicio práctico de un régimen político de las democracias de masa»[38].

---

37 En las últimas elecciones presidenciales americanas de 2000, el partido democrático de Arizona ha confiado las primarias al voto *online,* dando la posibilidad a los electores de expresar su preferencia por los candidatos también a través de Internet. La organización de la disputa electoral *online* ha sido confiada para su gestión a un *sito* que se encarga de democracia y voto electrónico, *www.electio.com.* Sobre la polémica que ha originado también una decisión judicial favorable al uso del voto *online,* véase lo manifestado por G. PADULA: «Via libera al voto *online* negli Stati Uniti», en *La Stampa* de 3 de marzo de 2000.

38 Así, V. FROSINI: *La democracia nel XXI secolo, op. cit.*, pág. 33.

El derecho constitucional de acceso a internet

SUMARIO:

1. Introducción.- 2. No solo de privacy vive el jurista tecnológico...- 3. Internet y el "nuevo" concepto de libertad de pensamiento.- 4. *Digito ergo sum*. Sobre el derecho de acceso a internet.- 5. El derecho constitucional a internet en la jurisprudencia: perfiles comparados.- 6. Consideraciones finales (con un guiño al caso de Wikileaks).

1. Introducción

Lo que se ha denominado el "horizonte jurídico de internet"[1] sigue agrandando y ampliando su panorama teórico y práctico. No hay sector del derecho que no se encuentre afectado e involucrado: desde el derecho civil de los contratos y de las transacciones tramitadas vía internet, al derecho penal de los delitos informáticos y fraudes electrónicos; del derecho administrativo del *e-government* y de la administración digital, al derecho procesal del denominado "proceso telemático" y de la racionalización informática del sistema procesal[2]. Tras la aparición de la tecnología, hay un nuevo modo de ejercer el derecho y, consiguientemente, un proceso de metamorfosis de la figura del jurista como humanista a la de jurista tecnológico[3], cuyo cometido es hacer de intérprete de las transformaciones que se están produciendo en la sociedad sobre la base del desarrollo de la tecnología y del impacto que está produciendo sobre el derecho, sobre los derechos.

---

1 V. FROSINI, "L'orizzonte giuridico dell'Internet", en *Il diritto dell'informazione e dell'informatica*, n.2, 2000, pags.271 y ss.

2 Véase *I problema giuridici di Internet*, coord. Por E.Tosi, Giuffre, Milano, 1999: G. PASCUZZI, *Il diritto dell'era digitale. Tecnologie informatiche e regole privatistiche*, Il Mulino, Bologna, 2002; G. CORASANITI, *Diritti nella rete. Valori umani, regole, interazione tecnológica globale*, F. Angeli, Milano, 2006; A.PAPA, *Espressione e diffusione del pensiero in Internet. Informazione, regole e valori costituzionali*, Jovene, Napoli, 2010; S.SICA e V.ZENO ZENCOVICH, "Legislazione, giurisprudenza e dottrina nel diritto dell'Internet", en *Il diritto dell'informazione e dell'informatica*, n.3, 2010, pags.377 y ss.

3 V. FROSINI, "The lawyer in technological society", en *European Journal of Law, philophy and computer science*, vol.I-II, 1998, pags.293 y ss (después incluido en el vol.ID, *Il giurista e le tecnologie dell'informazione*, 2ed. Bulzoni, Roma, 2000, pags. 9 y ss). Sobre el mismo tema, véase *Il giurista nella societa dell'informazione*, Conferencia impartida en el primer curso de perfeccionamiento en informática jurídica de la Universidad de Catania, 2000, ahora publicada en el número especial dedicado a *Vittorio Frosini giurista-informatico. Una raccolta di scritti (1973-2000)*, de la revista *Informatica e diritto*, n.2, 2001, pags.193-207.

De hecho de la conciencia social, y como resultado del desarrollo tecnológico, surgen nuevos derechos fundamentales que, si bien no gozan de un reconocimiento normativo explícito, tienen un fuerte y claro "tono constitucional", que los sitúa implícitamente en el interior de la Constitución, reservando al intérprete la tarea de extrapolarlos, derivarlos de la misma[4]. Un ejercicio hermenéutico en virtud del cual se aplican los tradicionales derechos de libertad constitucionales a los fenómenos de la tecnología informática. Por tanto, habrá que releer la libertad de información como derecho a ser informado -así como a informar-, la libertad de comunicación, la liberta de asociación, la libertad de reunión, la libertad de iniciativa económica privada y las libertades políticas a la luz del desarrollo de la tecnología informática con el fin de identificar el modo de proteger las nuevas situaciones jurídicas subjetivas. Sobre ello volveré mas adelante con mayores atenciones tomando como referencia algunos recientes y significativos casos de la jurisprudencia, en particular, americana y francesa.

Sin embargo, quisiera destacar un problema de método en el cual creo, y es que las tecnologías han representado y continúan representando un desarrollo de la libertad. En cambio, las libertades pueden aumentar y expandirse a través de las nuevas fronteras de la actuación humana gracias al progreso tecnológico[5]. Efectivamente, las tecnologías no producen solo libertad, por así decirlo; la tecnología puede estar al servicio del hombre bueno o malo, del gobernante iluminado o del déspota. Sin embargo, en un estado constitucional liberal el *indirizzo politico* debe siempre dirigirse a través de actuaciones que valoren y aumenten las libertades de los individuos y la utilización de

---

4 Sobre esta cuestión, F. MODUGNO, *I "nuovi diritti" nella Giurisprudenza Costituzionale*, Giappichelli, Torino, 1995; véase ID, "La tutela dei "nuovi diritti"" en *Nuovi diritti dell'eta tecnológica*, a cargo de F. Riccobono, Giuffre, Milano, 1991, pags. 89 y ss.

5 Sobre ello, véase T.E.FROSINI, "Tecnologie e liberta costituzionali", en *Il diritto dell'informazione e dell'informatica*, n.3, 2003, págs. 487 y ss (publicado también en *Scritti in memoria di Livio Paladin*, vol.II, Jovene, Napoli, 2004, pags.831 y ss; y después traducido al español "Nuevas tecnologías y constitucionalismo", en *Revista de Estudios Politicos*, n.124, 2004, págs. 129 y ss.

la tecnología no puede más que ser un instrumento para este objetivo.

Desde el punto de vista del derecho constitucional, las tecnologías determinan nuevas formas de derechos de libertad que donde no están codificadas pueden incardinarse, y por tanto, reconocerse a través de las tradicionales libertades constitucionales. Por ello, las normas constitucionales vigentes pueden interpretarse obteniendo de ellas nuevas figuras jurídicas de los nuevos derechos de libertad. Efectivamente, en el momento que vivimos, marcado por el fenómeno de la globalización, las sociedades de los individuos no se pueden modelar dentro de los "limites" de las Constituciones estatales, ya que responden a una serie de reglas supraconstitucionales, que son globales y no locales[6]. Los problemas jurídicos planteados por la tecnología informática en la esfera del derecho constitucional, como en la del derecho privado, no logran encontrar en la dimensión estatal la sede idónea para solucionarlos. Basta pensar en internet, en su vocación natural de extraterritorialidad como "catalizador esencial de la globalización contemporánea" [7], en cuanto trasciende los confines de los Estados nacionales, supera las barreras fronterizas, elimina las diferencias culturales entre los pueblos. Y siempre con referencia a internet, sigue siendo problemático separar las diferentes libertades para lograr un modelo integral de libertad; por otra parte, quien accede a internet se expresa, corresponde, navega y se une o reúne de varias formas a elección de cada uno. Las diversas libertades se ejercen por tanto por el mismo medio, que es la red, y al mismo tiempo o en tiempos muy aproximados[8]. Cierto,

---

6 G. DELLA CANANEA, *Al di la dei confini statuali. Principi di diritto pubblico globale*, Il Mulino, Bologna, 2009.

7 La definición es de T.W. GODSMITH, *Who controls the Internet? Illusions of a Bordeless World*, Oxford University Press, New York, 2006, 179.

8 Sobre ello, V.ZENO ZENCOVICH, *La liberta su Internet*, introducción al Congreso celebrado en Roma el 13 de octubre de 2010 y organizado por la *Fondazione Calamandrei* y la *Universita di Roma Tre*. Sobre esta cuestión, consúltese A. PAPA, *Espressione e diffussione del pensiero in Internet. Tutela dei diritti e progresso tecnológico*, y M. VIGGIANO, *Internet. Informazione, regole e valori costituzionali*; P.COSTANZO, *Internet (diritto pubblico), en Digesto delle discipline pubblicistiche*, IV y actualización, Torino 2000, pags.347 y ss.

el factor espacial presente en las comunicaciones vía internet se une a la relación de carácter estrechamente jurídico de las soberanía de los Estados, y así, al sometimiento de cada ordenamiento jurídico a las convenciones internacionales, o más bien a la aceptación del principio de subsidiariedad vertical en el sector de las telecomunicaciones. Por tanto, se produce una red intricada de relaciones jurídicas que encuentra expresión también en las decisiones judiciales de los tribunales nacionales y los tribunales internacionales, como señalaré más adelante.

Por último, queremos aludir también a la compleja cuestión de la *governance* de internet, es decir, del desarrollo y la aplicación, por parte de los Gobiernos, del sector privado y de la sociedad civil en sus respectivos roles, de principios, normas, reglas, decisiones y programas compartidos que determinan la evolución y uso de internet. Si bien, la gobernabilidad de internet (*Internet Governance*) pasa por una gestión frecuente de recursos críticos y de la regulación de servicios de acceso a la red por parte del "*Internet Corporation for Assigned Names and Number*" (ICANN), que es -a partir de 1998- un ente *no profit* de derecho privado, organizado conforme a un modelo internacional y registrado en el estado de California en los Estados Unidos. Este organismo está dotado de una serie de poderes unilaterales para incidir en los derechos y las libertades que en la red de internet pueden encontrar formas de expresión y de ejercicio. Por otra parte, desarrolla la función de garantizar el funcionamiento de los sistemas de identificación única de Internet, garantizando la estabilidad y la seguridad. Asimismo, promueve la competencia y la representación de las comunidades globales de internet con el fin de desarrollar una política adecuada a sus pretensiones a través de los procesos de *enhanced cooperation*, que deben ser participativos y compartidos[9]. Pero está claro que sobre la forma de

9 Sobre el rol, poderes y organización del ICANN, véase D. DE GRAZIA, "L'Internet Governance tra técnica política e diritto", en *Informatica e dirito*, n. 1, 1999, pag. 29 y ss; B. CAROTTI, "L'ICANN e la governance di Internet", en *Rivista Trimestrale di diritto pubblico*, n. 3, 2007, pags. 263 y ss; L. KOLETSOU, K. KOMAITIS, E. MAGANARIS, "The role of ICANN in Internet Governance: Friend or Foe?", en *European Review of Public Law*, n.4, 2006, pags. 1346 y ss.

gobierno de internet se juega el futuro de la red y una gestión liberal de la misma. Falta aún un status jurídico internacional fuerte de internet, que reconozca su universalidad y, por tanto, haga más difícil la intervención inoportuna de los Estados nacionales contrarios al desarrollo, a la utilidad y sobre todo a la libertad *de* y *en* internet.

2. NO SOLO DE PRIVACY VIVE EL JURISTA TECNOLÓGICO...

El fenómeno tecnológico no es solo una cuestión de *privacy*, que era (y sigue siendo) un problema confiado ciertamente al ámbito de la declinación constitucional, y sobre el cual no han faltado numerosos estudios y contribuciones doctrinales, así como numerosos pronunciamientos jurisprudenciales de Tribunales y organismos[10]. Si bien el problema de la *privacy* reaparece hoy, especialmente en Italia, bajo un nuevo aspecto, es decir, en la compleja y complicada cuestión de las interceptaciones telefónicas y de su divulgación pública; cuestión importante y delicada que dejaremos aparte por el momento.

En el horizonte jurídico de internet existe también la *privacy*, sin duda alguna, pero existe también, y sobre todo, la libertad de pensamiento cuyo significado necesita delimitarse a la luz de sus nuevas implicaciones en el ordenamiento jurídico[11]. Sobre este aspecto en concreto, y el consiguiente problema de acceso, me ocupare en el presente trabajo.

En primer lugar, quisiera volver a un tema que consideramos frecuente a todas las cuestiones relativas a internet y sus derivados tecnológicos en el mundo del Derecho; me refiero a

---

10 Respecto a la amplia bibliografía sobre el tema, me limito a recordar un publicación reciente: W. SOFSKY, *In difesa del privato, Einaudi*, Torino, 2010 y dos artículos recientes: A. BALDASARRE, "Il diritto di privacy e la comunicazione elettronica" y F.PIZZETTI, "La tutela della riservatezza nella societa contemporanea", ambos en *Percorsi Costituzionali*, n. 1, 2010, pags. 49 y ss, y 61 y ss.

11 V. ZENO ZENCOVICH, "Perche occorre rifondare il significato della liberta di manifestazione del pensiero", en *Percorsi Costituzionali*, n. 1, 2010, pags. 69 ss; también, ID, *La liberta di espressione. Media, mercato, potere nella societa dell'informazione*, il Mulino, Bologna, 2004, 125 ss.

lo que la doctrina ha denominado "libertad informática"[12]. Una teoría que fue propuesta hace ya tiempo en 1980 y que tuvo su matriz ideológica en la concepción del nuevo liberalismo, entendido como *fermento lievitante* de una civilización liberal promovida por la revolución tecnológica y que se desarrolló sobre la base de una nueva dimensión del derecho de libertad personal en una fase histórica de la civilización industrial caracterizada por el advenimiento de las calculadoras electrónicas; teniendo en cuenta que el Constitucionalismo es una doctrina, o mejor, el conjunto de doctrinas políticas y jurídicas que fija los límites del poder y valora cada forma de libertad individual, en el rasgo de progreso cívico y humano[13].

En su versión original de 1981, la libertad informática fue catalogada como positiva y negativa -al igual que la libertad política, según la doctrina de I. Berlin-. La libertad informática negativa expresa "el derecho a no publicar ciertas informaciones de carácter personal, privado, reservado (calificaciones, que en algunos casos pueden no coincidir entre ellas). En cambio, la libertad informática positiva expresa la facultad de ejercer un derecho de control sobre los datos concernientes a la propia persona que escapan del circulo de la *privacy* por haberse convertido en elementos de input de un programa electrónico; y por tanto, la libertad informática positiva, o derecho subjetivo reconocido a conocer, corregir, eliminar, añadir datos en una tarjeta personal electrónica"[14].

---

12 Resumo aquí términos utilizados en T. E. FROSINI, "Tecnologie e liberta costituzionali", op. cit., pag.489 ss, que fueron sometidos a una suave, pero clara, crítica por A. PACE y M. MANETTI, "Commento all'art.21 Cost", en *Commentario della Costituzione*, fundado por G. Branca y continuado por A. Pizzorusso, Zanichelli-Foro Italiano, Bologna-Roma, 2006, 160.

13 Vease P. RIDOLA, "Liberta e diritti nello sviluppo storico del costituzionalismo", en *I diritti costituzionali*, a cargo de R. Nania y P. Ridola, vol. I 2 ed., Giapichelli, Torino, 2006, pags. 3ss.

14 V.FROSINI, "La protezione della riservatezza nella societa informática", en *Privacy e banche dei dati*, N. Mateucci, Bologna, 1981, pags.37 ss (incluido en el vol.ID, *Informatica diirtto e societa*, 2 ed., Milano, 1992, pags.173 ss). Sobre el cual puede consultarse la monografía C. CASTILLO JIMENEZ, *Las nuevas tecnologías de la información y el derecho. De Vittorio Frosini a Internet.* Instituto de Estadística de Andalucía, Sevilla, 2003; F. COSTANTINI, *Vittorio Frosini. Genesi filosófica e struttura giuridica della societa dell'informazione*, Edizione Scientifiche Italiane, Napoli, 2010.

Es por ello que el derecho de libertad informática asume una nueva forma del tradicional derecho de libertad personal, como derecho a controlar las informaciones sobre la propia persona, como derecho de *habeas data*. La evolución jurisprudencial ha reconocido y confirmado este nuevo derecho de libertad en términos de protección de la autonomía individual como exigencia pasiva frente a los detentadores del poder informático, ya sean particulares o poderes públicos. Con la nueva legislación sobre tutela de las personas respecto a los datos personales, enriquecida gracias a la normativa europea, la noción de libertad informática ha encontrado reconocimiento en el derecho positivo, pero mientras tanto ha sufrido algunas transformaciones, ya que el derecho de protección de datos se aplica ante cualquier tratamiento de éstos, incluso, no electrónico. Además, ha sufrido un cambio en su carácter, inicialmente se inspiró en el principio de defensa ante el poder informático, y ahora es considerdo como un derecho activo de participación del ciudadano en el circuito de la información. De este modo, surge el problema del reconocimiento de un derecho a la identidad personal como nuevo derecho de la personalidad, constituido por la protección social de la personalidad del individuo al que un interés del sujeto a estar representado en la vida social con su verdadera identidad. La libertad de custodiar la propia privacidad (*risservatezza*) informática se ha convertido también en libertad de comunicar a los demás las informaciones transmisibles vía telemática, y así ejercitar la libertad de expresión de la propia personalidad utilizando los sistemas de comunicación automatizados.

Para este propósito, en términos constitucionales de la libertad informática, sin duda alguna merece la pena citar el caso del *Habeas data constitucional,* como nueva garantía jurisprudencial derecho público latinoamericano. El fin del habeas data constitucional es el de asegurar entre otros "la libertad informática como garantía personal para conocer y acceder a las informaciones personales existentes en las bases de datos, a controlar su contenido y por tanto, a poder modificarlos en caso de inexactitud o indebido almacenamiento o tratamiento, así como a decidir sobre su circulación"[15]).

---

15 E. ROZO ACUÑA, "Habeas data costituzionale: nuova garanzia giurisdizionale del diritto pubblico latinoamericano", en *Diritto pubblico comparato ed*

Las diversas experiencias sobre el habeas data constitucional en América Latina se pueden dividir en tres categorías: a) Países donde la Constitución ha previsto de forma directa, completa y precisa el habeas data (Guatemala, Brasil, Colombia, Paraguay, Perú, Ecuador, Argentina, Venezuela); b) Países donde está garantizada por ley o de forma indirecta mediante el recurso de amparo constitucional (Chile, Costa Rica, Bolivia, Nicaragua, Honduras); c) El resto de experiencias que prevén una garantía indirecta del habeas data (Panamá, México, Uruguay y Salvador). Entre las Constituciones latinoamericanas que consagran el principio de la libertad informática, me limito a recordar la Constitución de la República Federal de Brasil de 1999, cuyo artículo 5.72 afirma que "se reconoce la acción de *habeas data*: a) para asegurar el conocimiento de información relativa a la persona solicitante, resultando de registros o bases de datos de entes gubernativos o de carácter público; b) para rectificar datos cuando no se quiera hacerlo a través de procedimiento secreto, judicial o administrativo". Además, debe recordarse -aunque sobre ello volveremos más adelante- la sentencia de la sala constitucional costarricense que ha reconocido el acceso a internet como derecho fundamental, y por tanto, valorando el concepto y la concepción del derecho de libertad informática.

Aquí el derecho de libertad informática adquiere en la actualidad una mayor importancia tras la aparición de internet, y eso demuestra su actualidad teórica. En efecto, con internet el derecho de libertad informática "se ha convertido en una reivindicación de libertad en sentido activo, no libertad *para,* sino libertad *de,* que es aquella que utiliza los instrumentos informáticos para proporcionar y obtener información de todo género. Es el derecho a participar en la sociedad virtual, que ha sido creada por la aparición de los ordenadores en la sociedad tecnológica; que es un sociedad de *componente mobili* y de relaciones dinámicas en la que cada persona participante es soberano en sus decisiones".[16]

---

europeo, n. 4, 2002, 1923 (véase en las notas al escrito numerosas referencias bibliográficas, legislativas y jurisprudenciales).

16 Véase V. FROSINI, *L'orizzonte giuridico dell'Internet,* op. cit., pag. 275; *La democrazia nel XXI secolo,* nueva edición con prefacio de A. Jellamo y epilogo de F. Riccobono, Liberilibri, Macerata, 2010.

Sin duda alguna nos encontramos ante una nueva forma de libertad que es la de comunicar con quien se quiera, difundiendo nuestras opiniones, pensamientos y materiales, y la libertad de recibir. Por tanto, libertad de comunicar como libertad de transmitir y de recibir. No se trata solo del ejercicio de la libertad de pensamiento del individuo, sino más bien de la facultad de éste de constituir una relación, de transmitir y solicitar información, de poder disponer sin límites del nuevo poder de conocimiento conferido vía telemática; en definitiva, de poder ejercitar el derecho de libertad informática. Partiendo del reconocimiento de esta libertad se podría lanzar la primera piedra para edificar un *Internet Bill of Rights*.

3. INTERNET Y EL "NUEVO" CONCEPTO DE LIBERTAD DE PENSAMIENTO

En este punto resulta necesario examinar cómo ha cambiado el sentido y significado de la libertad de pensamiento en la era de internet[17]. Queremos aclarar que no es nuestro propósito proponer aquí una nueva y diferente formula constitucional respecto a lo previsto por el artículo 21 de la Constitución[18], sino más bien dar un nuevo giro a la libertad de pensamiento respecto a como ha sido entendida tradicionalmente; es decir, como libertad ejercitable, si bien no exclusivamente, a través del "filtro" de los medios de comunicación de masa: prensa, radio, televisión. El significado de esta libertad ha estado condicionado, incluso identificado, de un modo excesivo por el medio a través del cual se ejercita el derecho de manifestación libre

17 Sobre esta problemática, véase el trabajo de A. PAPA, *Espressione e diffusione del pensiero in Internet. Tutela dei diritti e progresso tecnológico, op. cit.*

18 Como propone Stefano RODOTA en *Internet Governance Forum* (Roma, noviembre 2010), el cual ha sugerido la siguiente formulación constitucional de un art.21 bis Cost: "Todos tienes el derecho de acceder a la red de internet, en condiciones de igualdad, con medios tecnológicamente adecuados y a que se remuevan los obstáculos de orden económico y social" (consúltese www.internetcostituzione.it) Sobre la propuesta de intervenir en la primera parte de la Constitución, lo que deja mayormente perplejo es la referencia a "con medios tecnológicamente adecuados", que podría convertirse en una especie de rompecabezas como parámetro en el juicio de constitucionalidad de la ley.

del pensamiento[19]. Baste pensar en el fagocitante fenómeno de la regulación de la actividad radiotelevisiva, basado en el art.21 de la Constitución y corroborado por numerosas sentencias del Tribunal Constitucional italiano.

Por otro lado, puede afirmarse que internet ha permitido la recuperación de la noción de manifestación del pensamiento como libertad individual, esto es, sin "filtros", o más bien sin ninguna mediación, un *open network*. Efectivamente, basta crear una web en internet, o bien entrar en una web, sin vinculo administrativo o con una difusión planetaria accesible a todos (con la condición de tener un ordenador y una conexión, sobre lo cual me referiré más adelante) inmediata, capaz de abarcar audio, texto y video, con un espacio limitado de memoria y con plena y variada utilización de instrumentos automáticos de repetición de lo que se busca. Por tanto, con internet cualquiera puede publicar ideas y opiniones a través de la creación y gestión de un server, o bien por medio de la apertura de una web propia. De este modo, cada uno puede ser impresor, director y editor de si mismo, difundiendo noticas en la red sin pertenecer a profesión alguna.

En definitiva, una actuación individual; un uso concreto y efectivo por parte de millones de personas. Por tanto, siguiendo a la jurisprudencia estadounidense: "[Internet], la forma de comunicación de masas más participativa de la que se haya dado cuenta hasta ahora".[20] También porque -gracias a internet- hoy todos pueden ser al mismo tiempo comunicadores y difusores, y

---

19 Para una clara síntesis de esta posición, véase M. MANETTI, *La liberta di manifestazione del pensiero, en I diritti costituzionali*, op. cit, vol. II, 767 ss, y A. PACE y M. MANETTI, *Commento all'art.21 Cost., op.cit.*

20 *American Civil Liberties Union v. Reno* [E.D. Pa 1996] traducción italiana en Il diritto dell'informazione e dell'informatica, n. 4/5, 1996, 604 (con nota de V. ZENO ZENCOVICH, "Manifestazione del pensiero, liberta di comunicazione e la sentenza sul caso 'Internet'"), 521 US 844 (1997); sentencia traducida en Foro Italiano, Parte IV-2, 1998, 23ss (con nota de A. CUCINOTTA). La sentencia del Tribunal Supremo no fue adoptada por unanimidad, ya que incorpora una dissenting opinión de la juez O'Connor y del Presidente del tribunal Rehnquist. V. *Le dottrine costituzionali di William H. Renquist*, a cargo de G. Butta, Giuffre, Milano, 2008, 131 ss.

así será aún más para la próxima generación que ha crecido y formado alimentada por *Facebook, Twitter, You Tube, web comunities, sms, skype, blogs* ..Esto determinara una concepción absolutamente nueva y diferente de la identidad, que se articulara de forma variable y según el lugar, de los contextos, de los interlocutores y de la identidad elegida que se efectúe. Por tanto, la identidad 'digital' se articula sobre la base de un flujo continuo de información que va en las más diversas direcciones y que se confían a una multitud de sujetos, que construye, modifica y hace circular imágenes de otras identidades, más bien genera una segunda vida en la red, una *Second Life* virtual[21].

En suma, una situación de progreso seguro en términos de libertad individual pero también de iniciativa económica privada. Se ha dicho graciosamente (*argutamente*) que "solo quien permanece en la prehistoria del Derecho y se encuentra aún armado con un palo tratando de inventar la rueda, no se da cuenta del paso trascendental que ha tenido lugar en la sociedad de desarrollo en estos años: la posibilidad de acceder siempre, dondequiera y a un coste mínimo; la posibilidad de difundir siempre y dondequiera a todo el mundo su propio pensamiento. Solo los cavernícolas no se dan cuenta del circuito imparable entre el acceso a la fuente del conocimiento, creación de formas de intercambio de experiencias, difusión de nuevas ideas y creación de nuevo conocimiento" [22].

4. *Digito ergo sum*. Sobre el derecho de acceso a internet

El derecho de acceso a internet puede considerarse un derecho social, o mejor, una pretensión o demanda subjetiva de prestación pública, como la educación, la sanidad y la seguridad social. Un servicio universal que las instituciones estatales deben garantizar a sus ciudadanos mediante inversiones públicas, políticas sociales y educativas, decisiones de gasto público. Efectiva-

21 Sobre este punto véase E. BASSOLI, "La disciplina giuridica della seconda vita in Internet: l'esperienza Second Life", en *Informatica e diritto*, n. 1, 2009, 165 ss.

22 V. ZENO ZENCOVICH, *Perche occorre rifondare il significato della liberta di manifestazione del pensiero, op. cit.*, pag. 71.

mente, el acceso a la red de internet y el desarrollo en la misma de actividades constituyen el modo con el que las personas se relacionan con los poderes públicos, y por tanto, ejercitan sus derechos de ciudadanos. Como ya hemos señalado, "el desarrollo de internet y el crecimiento de la exigencia de transparencia (administrativa) representan en la sociedad occidental dos fenómenos concomitantes" [23].

Actualmente la ciudadanía es digital. Sobre ello, resulta significativo lo previsto por el Código de la Administración Digital (*Codice dell'Admministrazione Digitale, CAD*), aprobado por el decreto legislativo n. 82 de 2005, que identifica un estatuto del ciudadano digital, ya sea persona física o jurídica, y que se basa en el derecho de reclamar de los poderes públicos la interacción de modo digital, a la que corresponde la obligación de la Administración para adecuarse al perfil técnico y organizativo para satisfacer la demanda del usuario[24]. Entre las diferentes normas, debe destacarse la referente al derecho al procedimiento administrativo informático (art. 4), el derecho a efectuar pagos electrónicos con las Administraciones centrales (art. 5), el derecho a comunicar a través del correo electrónico (art. 7). Queda claro que este nuevo modo de entender la relación entre ciudadano y Administración, en términos de una nueva ciudadanía digital, debe encontrar su plena alfabetización informática como derecho social del que el Estado (*Repubblica*) debe asegurar a todos, y en particular, el derecho a la educación y al desarrollo cultural informático, que según el Tribunal Constitucional responden "a una finalidad de interés general, cual es el desarrollo de la cultura, en particular, a través del uso de instrumentos informáticos, cuya búsqueda encabeza el Estado (Republica) en toda su exten-

23 A. LEPAGE, *Libertés et droits fondamentaux a l'épreuve de l'internet*, Litec, París, 2002, 61.

24 Sobre este punto, E. D'ORLANDO, "Profili costituzionali dell'amministrazione digitale", en relación al Congreso "Telematica e procedimento amministrativo", celebrado en Villa Manin di Passariano (Ud) el 30 de abril de 2010; *paper*, que me ha sido facilitado amablemente por el autor, quien afirma acertadamente que el status del ciudadano contenido en el CAD se puede considerar el resultado de una pluralidad coherente de *declinazioni* de un *derecho de libertad informática constitucionalmente diferenciable.*

sión (art.9 Constitución)" [25]. En este sentido, debe recordarse una resolución del Parlamento Europeo de 10 de abril de 2008 que compromete a los Estados miembros a "reconocer que internet es una vasta plataforma para el expresión cultural, el acceso al conocimiento y la participación democrática en la creatividad europea que crea puentes entre generaciones en la sociedad de la información, y consiguientemente, para evitar la adopción de medidas contrarias a los derechos humanos, a los derechos civiles y a los principios de proporcionalidad, de eficacia y de disuasión, como la interrupción en el acceso a internet" [26]. Además, la recomendación de marzo de 2010 dirigida al Consejo sobre el "reforzamiento de la seguridad y de las libertades fundamentales en internet", con la cual el Parlamento Europeo reconoce y afirma que internet "da pleno significado a la libertad de expresión" garantizada por la Carta de Derechos Fundamentales de la Unión Europea y "puede representar una extraordinaria oportunidad para reforzar la ciudadanía activa".

Siguiendo con el tema de la ciudadanía activa (digital), debe recordarse la ley n.4 de 2004 (conocida como "*Legge Stanca*") sobre las disposiciones para favorecer el acceso de las personas discapacitadas a los instrumentos informáticos, que reconoce y garantiza el derecho de toda persona a acceder a todas las fuentes de información y a los respectivos servicios, incluidos aquellos

25 La referencia es de la Corte Constitucional, sentencia n.307 de 2004, que ha reconocido constitucionalmente legitima "la mera previsión de contribuciones financieras por parte del Estado, facilitadas con carácter automático a favor de personas seleccionadas por su edad, para compensar y finalizar la adquisición de *personal computer* que permitan la conexión a internet, con el fin de favorecer la difusión de la cultura informática entre los jóvenes y las familias". La intervención estatal ha sido considerada por la Corte como "correspondiente a la finalidad de interés general, que es el desarrollo de la cultura a través del uso de instrumentos informáticos, cuya consecución corresponde a la Republica en toda su articulación (Art. 9 Cost), incluso más allá del reparto de competencias entre Estado y Regiones según el art.117 Cost.". Sobre el tema véase *Accesso alla rete e uguaglianza digitale*, a cargo de E. De Marco, Giuffre, Milano, 2008

26 Sobre esta cuestión, en general véase F. BADOCCO, "Riflessioni sul diritto d'acesso a Internet nwll'ambito del diritto dell'Unione europea", en *Informatica e diritto*, n. 1, 2009, 153 ss.

que se articulan mediante instrumentos informáticos y telemáticos. En particular, el art.1 de la ley crea el derecho de acceso a internet sobre el principio de igualdad *ex* art.3 de la Constitución, calificándolo como un instrumento para hacer efectiva la igualdad sustancial de los ciudadanos. Entonces negar el acceso a la red significaría vulnerar derechos humanos fundamentales, como la libertad de expresión, el derecho a la información, a la educación, al desarrollo y a la igualdad[27]. Por tanto, el derecho de acceso a internet es una libertad fundamental cuyo ejercicio es instrumental al ejercicio de otros derechos y libertades constitucionales, no solo la libertad de pensamiento del art.21 de la Constitución, sino también el derecho al "pleno desarrollo de la persona humana" y "a la efectiva participación de todos los trabajadores en la organización política, económica y social del país" del art.3 de la Constitución, o más bien la libertad de empresa del art.41 de la Constitución. Actualmente en la sociedad de la información, o si se prefiere, en la era de acceso (según la definición de J. Rifkin[28]), no tener acceso a internet significa verse privado del ejercicio de la mayoría de los derechos de los ciudadanos.

Resulta significativo lo ocurrido en Finlandia, donde ha sido aprobada una ley que ha entrado en vigor el 1 de julio de 2010, que define un "derecho legal" al acceso a internet para los cinco millones de ciudadanos del país. El Ministerio de Comunicaciones finlandés ha afirmado que "una conexión de banda ancha de alta calidad a un precio razonable es un derecho fundamental".

---

27 Asi R. PISA, "L'acesso a Internet: un nuovo diritto fondamentale?" en la web: www.treccani.it/Portale/sito/diritto/approfondimenti/2_Pisa_internet.html la cual recuerda además la *Convención sobre los derechos de las personas con discapacidades*, adoptadas el 13 de diciembre de 2006 por la Asamblea General de Naciones Unidas, que prevé la promoción del acceso por parte de los discapacitados a las nuevas tecnologías y a los sistemas de información y comunicaciones, incluyendo internet, invitando a los entes privados y medio de comunicación que operan a través de estos medios a que los hagan accesibles; y también la Declaración de derechos de los pueblos indígenas de Naciones Unidas, aprobada el 13 de septiembre de 2007, que prevé el derecho de estos pueblos a tener acceso a todas las formas mediáticas no indígenas sin discriminación.

28 J. RIFKIN, L'era dell'acceso, tr.it., Mondadori, Milano, 2000.

Por tanto, los 26 operadores presentes en el país, definidos como "proveedores de un servicio universal" deberán poder facilitarlo en cada vivienda u oficina permanente con una velocidad de *download* de datos de al menos un *megabit* al segundo[29]. En este sentido, se están moviendo también en Suiza y España al garantizar el acceso a internet como derecho de todo ciudadano, con el fin de que otros derechos puedan ser ejercitados.

Es cierto que existe un frente adverso, y que se levantan muros virtuales en lugar de aquellos de piedra. En efecto, hay países (reaccionarios) que han construido barreras electrónicas para evitar el acceso a parte dela red global, y lo han hecho eliminando palabras, nombres y frases clave de los motores de búsqueda, o bien vulnerando la *privacy* de los ciudadanos. Una nueva cortina de información está descendiendo sobre una parte del mundo, donde los videos y los blogs son ya los *samizdat* de nuestros días. Sin embargo, esto confirma la vocación liberal de internet y el temor a esta libertad global que muestran tener países intolerantes a la tecnología, porque la viven como una amenaza su poder absoluto.

5. EL DERECHO CONSTITUCIONAL A INTERNET EN LA JURISPRUDENCIA: PERFILES COMPARADOS

Y pasamos a los casos jurisprudenciales, que han aportado luz al problema del derecho de acceso a internet y su relevancia constitucional para demostrar que existe también, por así decirlo, una "jurisprudencia tecnológica", además del "jurista tecnológico". La primera que merece la pena recordar aunque sea brevemente, ya que fue objeto de un trabajo mío anterior[30], es la estadounidense, relativa al pronunciamiento del Tribunal federal del Distrito de Pennsylvania primero y del Tribunal Supremo, después, sobre la inconstitucionalidad de la ley que vetaba las comunicaciones indecentes aparecidas en internet[31].

---

29 Véase la noticia: "A Helsinki internet e un diritto", en *Il sole24ore*, de 2 de julio de 2010, pag. 9.

30 V. T.E. FROSINI, *Tecnologie e liberta costituzionali*, op. ti, 496 ss.

31 Para los comentarios doctrinales: V. ZENO ZENCOVICH, "Manifestazione del pensiero, liberta di comunicazione e la sentenza sul caso 'Internet'", op.cit;

Recuerdo el caso muy brevemente. Ante el Tribunal de distrito de Pennsylvania se había impugnado en 1996 la *Communications Decency Act* (cuyo título V del *Telecommunications Act,* la ley de reforma de las telecomunicaciones aprobada por el Congreso en 1996), que regulaba los contenidos indecentes en internet. El Tribunal de distrito declaró la inconstitucionalidad de la *Communications Decency Act* porque vulneraba la Primera Enmienda de la Constitución de los Estados Unidos[32]. El Tribunal Supremo confirmó la decisión de los jueces federales de Pennsylvania y dictó una sentencia, de 26 de junio de 1997, en la que realizó una serie de importantes observaciones referentes a internet en general y en relación a las libertades constitucionales[33]. Tras un articulado razonamiento dialécticamente sostenido mediante algunos precedentes judiciales, el Tribunal Supremo confirmó la decisión de inconstitucionalidad de la ley porque iba en contra de la Primera enmienda de la Constitución, poniendo en evidencia la manifestación de pensamiento más que la privacidad (*riservatezza*) y el secreto de las comunicaciones, también garantizado constitucionalmente en la Enmienda XIV. Merece la pena mencionar la afirmación con la que finaliza la sentencia: "Los hechos probados demuestran que la expansión de internet ha sido, y continua siendo, extraordinaria. Es una tradición en nuestra jurisprudencia constitucional presuponer, ante la falta de prueba en contrario, que la regulación pública del contenido de la manifestación del pensamiento es más probable que interfiera en el libre intercambio de ideas a que lo fomente. El interés por estimular la libertad de expresión en una sociedad democrática es superior a cualquier supuesto, no probado, en beneficio de la censura".

G. ZICCARDI, "La liberta di espressione in Internet al vaglio della Corte Suprema degli Stati Uniti", en *Quaderni Costituzionali,* n. 1, 1998, 123 ss. Para una referencia más amplia al caso americano véase también el trabajo de A.CERRI "Telecomunicazoni e diritti fondamentali" y sobre todo el de P. COSTANZO, "Aspetti evolutivi del regime giuridico di Internet", ambos en *Il diritto dell'informazione e dell'informatica,* n.6, 1996, 785 ss y 831 ss.

32 La sentencia del Tribunal Federal de Pennsylvania puede consultarse en la web: http://eff.org/pub/Censorship/Internet_censorship_bills/HTML/960612_aclu_v_reno_decision.html

33 La sentencia del Tribunal Supremo de Estados Unidos se encuentra disponible en la web: www.aclu.org

Con respecto a internet y las libertades constitucionales surgen al menos dos observaciones. La primera: la sentencia examina el fenómeno de internet como un problema constitucional señalando los limites, pero sobre todo la posibilidad de incrementar las libertades, y por tanto, derivarlas de la vieja Primera Enmienda de 1791, las formas de tutela y garantía para libre expresión del pensamiento. Pero debemos prestar atención a la segunda observación, el Tribunal Supremo al utilizar la Primera Enmienda como parámetro de inconstitucionalidad de la ley vulneradora de la libertad de internet, la ha interpretado a la luz del siglo veinte, es decir, la ha hecho revivir dándole un nuevo significado que no coincide con el originario. Por tanto, la Primera Enmienda de la Constitución americana en la edad tecnológica protege no solo el tradicional derecho de libertad de pensamiento, sino también la libertad de expresión electrónica, la libertad de prensa electrónica, la libertad de reunión electrónica[34]. En definitiva, la Primera Enmienda de la Constitución afirma y garantiza el derecho de libertad informática como nuevo derecho de libertad constitucional deducido de los tradicionales derechos y

34 Como ha afirmado G. ZICCARDI, op.cit., pag.132, "los motivos son claros: en primer lugar, la actividad que se desarrolla al completo en un sistema informático *on line* es aquella que recopilar, organiza y distribuye los *eletronic speech,* la palabra electrónica de los usuarios que utilizan el sistema, y que envían correos electrónicos, *newsletter,* archivos de texto o diversos documentos a otras personas. Esta actividad electrónica de cada día está desde hace tiempo calificada por el Tribunal Supremo y los Tribunales de distrito como *speech, y* como la palabra tradicional o las publicaciones clásicas de papel, están protegidas sin duda alguna pro la Primera Enmienda". Sobre la aplicación de la Primera Enmienda a Internet en la doctrina americana, K.M. SULLIVAN y G. GUNTHER, *First Amendment Law,* New York, 1999, 453 ss. También debe recordarse la sugestiva propuesta de L. TRIBE, *The Constitution in Cyberspace. First Conference on Computer, Freedom and Privacy* que puede consultarse en www.io.com/SS/tribe/html que presenta la vigesimoséptima Enmienda a la Constitución, que debería prever que "la protección garantizada por esta Constitución a la libertad de palabra y a la libertad de prensa [...] debe ser interpretado en el sentido de que esta pueda invocarse siempre plenamente independientemente del método tecnológico o del medio de comunicación por medio del cual el contenido de la información se genere, conserve, altere, transmita o controle". Véase además J.M. BALKIN, "The future of Free Expression in a Digital Age", en *Pepperdine Law Review,* 36, 2008 101 ss.

principios constitucionales, que han sido interpretados en el contexto de la sociedad tecnológica. Corresponde a los jueces, y en particular a los constitucionales, la función de saber reinterpretar la vieja tradición constitucional a la luz del progreso tecnológico; por tanto, a ellos corresponde la tarea de saber ser "jurista en la sociedad tecnológica".

5.1. Otro caso judicial es el que tuvo lugar en Francia en 2009 con el pronunciamiento del *Conseil Constitutionelle*, n. 2009-580 DC de 10 de junio de 2009[35]. El juicio preventivo respecto a la entrada en vigor de la ley de *Création et Internet*, conocida como ley Hadopi (siglas utilizadas para *Haute Autorité pour la diffusion de œuvre set la protection des droits sur Internet*) afecta a gran parte de la ley; sin embargo, lo que aquí nos interesa es la parte en la cual la decisión del juez constitucional identifica un "derecho fundamental" al acceso de internet, porque en el contexto de una difusión generalizada de internet, la libertad de comunicación y de expresión presupone necesariamente la libertad de acceder a estos servicios de comunicación en línea. El *Conseil* parte de un razonamiento que hace una llamada explicita al art.11 de la "Declaración de derechos del hombre y el ciudadano" de 1789: "La libre comunicación del pensamiento y de las opiniones es uno de los derechos más preciados del hombre. Cada ciudadano puede hablar, escribir, imprimir libremente, salvo responder abusando de esta libertad en los casos contemplados por la ley"; una formulación, que "fotografía" de manera clara y lucida la libertad de información y que deja admirar su esencialidad y actualidad"[36].

---

35 Traducción italiana en *Il diritto dell'informazione e dell'informatica*, n. 3, 2009, 524 ss (con nota de G. VOTANO, "Internet fra diritto d'autore e liberta di comunicazione: il modelo francese", 533 ss). Además, véase el comentario de P. PASSAGLIA, "L'accesso a Internet e un diritto (il Conseil Constitutionnel francese dichiara l'inconstituzionalita di parte della c.d. 'legge anti file-scharing")" en *Il Foro italiano*, 2009, IV, 473 dd. En la doctrina francesa, entre los diversos comentarios, destaca L. MARINO, "Le droit d'accès a internet, nouveau droit fundamental", *en Recueil Dalloz*, n. 30, 2009, 2045 ss.

36 Sobre este artículo, y más en general, sobre la Declaración de 1789 y su innovación también en la actualidad (como parámetro de constitucionalidad de las leyes), nos permitimos remitirnos a T.E. FROSINI, "1789: i diritto di-

Por tanto, los jueces han reconocido que, en la situación actual de los medios de comunicación, y dada la difusión de los servicios de comunicación al público *online*, así como la creciente importancia de estos instrumentos en la participación de la vida democrática y para la expresión de ideas y opiniones, el derecho a la comunicación incluye también la libertad de acceder a tales servicios. Acceder a la red es, por tanto, una de las manifestaciones esta suprema libertad del individuo. Así pues, en la parte en que la ley prevé la desconexión a internet sin un previo pronunciamiento judicial, sino solo mediante una decisión administrativa, ésta, o la ley, colisiona con el art.11 de la Declaración de 1789 porque, dada la naturaleza de la libertad garantizada por el art.11, el legislador no podía, cualquiera que fuese la garantía que delimita la aplicación de la sanción, confiar tal poder a una autoridad administrativa con el fin de proteger los derechos de titulares del derecho de autor. Si bien el *Conseil Constitutionnel* no sostuvo que el acceso a internet pudiera considerarse un derecho fundamental en sí, sin embargo ha determinado que la libertad de comunicación necesita una protección reforzada sobre todo en el ámbito peculiar de la comunicación a través de internet, porque es susceptible de afectar a cualquier persona. Por tanto, el *Conseil*, aplicando su propia jurisprudencia en materia de control de proporcionalidad, ha establecido que la libertad de comunicación, que comprende el derecho de acceder a los servicios de comunicación al público, reviste una importancia particular, y por consiguiente, las limitaciones impuestas por el poder sancionador deben estar específicamente delimitadas: "*en l'état, les atteintes a la liberté d'accéder a Internet s'analysent, au regard de la Constitution, comme des atteintes a la liberté garantie par l'article 11 de la Déclaration de 1789*". El acceso a internet se ha convertido para millones de ciudadanos, en parte integrante y condición del ejercicio de numerosos derechos y libertades de valor constitucional; así pues, impedir el acceso sería una sanción desproporcionada en la medida en que tendría una incidencia grave y directa sobre el ejercicio de tales derechos. Por ello, prever e imponer la desconexión de internet sin la previa autorización judicial contradice

chiarti sul serio", en *Studi in memoria di Giuseppe G. Floridia*, Jovene, Nápoles, 2009, 283 ss.

el art. 11 de la Declaración de 1789 y por tanto, constituye una vulneración desproporcionada de la libertad de expresión[37].

5.2. Como forma de "dialogo transnacional entre tribunales" [38], puede recordarse el caso de Costa Rica con el pronunciamiento de la Sala Constitucional que, para argumentar su decisión, ha citado explícitamente lo afirmado por el *Conseil Constitutionnel* francés. En efecto, haciendo uso del pronunciamiento del *Conseil*, que "considero como derecho básico el acceso a internet", la Sala Constitucional del Tribunal Supremo, ha podido afirmar en la sentencia n.12790 de 30 de julio de 2010, que "en el contexto de la sociedad de la información o del conocimiento, se impone a los poderes públicos, para el beneficio de los gobernantes, promover y garantizar de forma universal el acceso a estas nuevas tecnologías. El retraso en la apertura del mercado de las telecomunicaciones [...] ha incidido en el ejercicio y el disfrute de otros derechos fundamentales, como el derecho de libertad en la elección de los consumidores (art.46.2 Const.), el derecho constitucional de acceso a las nuevas tecnologías de la información, el derecho a la paridad y a la eliminación de la *digital divide* (art.33 Const.), el derecho de acceso a internet a través del interfaz que usuario y consumidor eligen y la libertad de imprenta y comercio". También en Latinoamérica tenemos una sentencia de "jurisprudencia tecnológica" que valora y asume en derecho constitucional el derecho de acceso a internet. En algunos aspectos el constitucionalismo latinoamericano ha representado siempre, para lo bueno y lo malo, un laboratorio de derecho constitucional.

5.3. Otro caso judicial que merece destacar es el que tuvo lugar en Italia en abril de 2010, a raíz de la sentencia del Tribunal de Milán en la caso *Google versus* "Vivi Down" [39]. Sin embargo,

37 Para una panorámica completa sobre el caso francés, véase el trabajo de E. BERTOLINI, "La lotta al *file sharing* illegale e la dottrina Sarkozy nel quadro comparato: queli prospettive per liberta di espressione e *privacy* nella rete globale?" En *Diritto pubblico comparato ed europeo*, n. 1, 2010, 74 ss.

38 G. DE VERGOTTINI, *Il dialogo transnazionale fra le Corti*, Editoriale Scientifica, Napoli, 2010 (lección magistral impartida en al Facultad de Derecho de la *Universita degli studi Suor Orsola Benincasa* de Nápoles).

39 Puede consultarse la decisión del Tribunal de Milán de 12 de abril de 2010 en *Il diritto all'informazione e dell'informatica*, n.3, 2010, 474 ss. El caso es explicado

aquí la cuestión es diferente: ya sea por el grado de juicio y el órgano judicial, ya sea porque el tema es el de la *privacy* y la responsabilidad del *service provider*, también a través del derecho de acceso a la red. Los hechos son brevemente los siguientes. En septiembre de 2006, en la plataforma *Google-Videos*, titulada "Los videos más divertidos", se descargó una película que grababa a un joven *down*, mientras era maltratado por algunos compañeros de colegio y sometido a humillaciones e insultos. La película que había sido descargada más de 5000 veces, estuvo expuesta durante dos meses, hasta que fue retirada por el *server provider* después de una orden de la policía judicial, en base a la denuncia de una asociación de protección a las personas *down* ("Vivi Down") que había afirmado una supuesta vulneración de la *privacy*. La publicación del video originó tres causas diferentes: la primera, referida a los estudiantes que habían maltratado al chico *down*; la segunda, sobre los maestros del colegio; la tercera, afectaba a los dirigentes de Google, y más exactamente a la filial italiana *Google Italy*. En particular, la acción judicial contra esta última y sus dirigentes, parte de la causa por haber ofendido la reputación de la asociación "Vivi Down" y de los estudiantes discapacitados (arts. 110, 40.2, y 385.1 y 3 del Código Penal) y haber omitido el tratamiento correcto de los datos personales (art.167 del Código en materia de datos personales) y por tanto de haber vulnerado la *privacy*[40].

Que hubo violación de la *privacy* es indudable: desde la intrusión en la esfera privada a la divulgación de hechos ofensivos y embarazosos, desde la representación del interesado bajo luces falsas a la apropiación y utilización por un tercero de datos personales sensibles (por afectar a la salud de la persona tomada en video) en ausencia de consentimiento del interesado.

---

y comentado en un interesante libro: G.CAMERA y O.POLLICINO, *La legge e uguale anche sul web. Dietro le quinte del caso Google-Vivi Down*, Egea, Milano, 2010.

40 Véase el *Decreto di citazione diretta a giudizio* de la Fiscalía de la Republica adoptada por el Tribunal de Milán, en *Il diritto dell'informazione e dell'informatica*, n.4/5, 2009, 740 ss, ivi, 745 ss, el *Parere pro-veritate* del abogado Filippo SGUBBI, sobre la petición del defensor por parte de la Asociación civil "Vivi Down", sobre los motivos alegados en el ámbito del proceso penal.

La cuestión es determinar quién es responsable en el plano jurídico. ¿Los menores que han realizado y divulgado el video, o debe incluirse también al *service provider*?

El Tribunal de Milán optó por la segunda hipótesis condenando a *Google* por complicidad en el ilícito cometido por los autores del video, y determinando el ilícito de *Google* en la apropiación y uso no autorizado con fines comerciales de los datos sensibles pertenecientes a otra persona[41]. Según el juez, le correspondería a Google la obligación de impedir el hecho difamatorio mediante el desarrollo de garantías y controles o filtros preventivos colocados en la red.

Lo que produce perplejidad es el hecho de que el Tribunal haya podido reconocer la posición jurídica del *service provider* como idéntica, o cuanto menos, análoga a la de un editor de *mass-media*[42]; y después, no está claro como el *service provider* - admitiendo que sea jurídicamente responsable por la divulgación vía internet de un video ofensivo de la *privacy*- deba responder solo por el uso no autorizado de datos sensibles con fines comerciales. Sobre esta cuestión, se ha afirmado acertadamente que "la limitación de la violación de la *privacy* bajo el perfil de la *commercial appropriation* de datos sensibles parece completamente incongruente [...]. [El Tribunal], en efecto, absolviendo al *service provider* de la difamación, parece excluir la responsabilidad del mismo respecto al contenido del video, aunque solo sea porque por el mismo delito han sido condenados los menores que han realizado el video y lo han divulgado en internet. Pero, si esta observación es correcta, parece contradictorio condenar al *service provider* únicamente por el tratamiento no autorizado de datos sensibles de otros, porque para poder imputar al *service provider*

41 C. ROSSELLO, "Riflessioni de *jure condendo* in materia di responsabilita del provider" y G. SARTOR e M. VIOLA DE AZEVEDO CUNHA, "Il caso Google-Vividown tra protezione dei dati e liberta di espressione on line", ambos en *Il diritto dell'informazione e dell'informatica*, n.4/5, 2010, 617 ss y 645 ss.

42 Sobre la no extensión del concepto de prensa a internet, y por tanto, distinguiendo la prensa de papel de la prensa *on line*, véase el pronunciamiento del Tribunal de Casación, sentencia penal, n.35511 de 16 de julio de 2010, sobre la cual puede consultarse el comentario de M. MEZZANOTTE, "Stampa e informazione on line: una doverosa actio finium regundorum", www.forum-costituzionale.it

desde esta perspectiva, ello supone una valoración de este último sobre el contenido del video. Si no, ¿cómo habría podido saber que se trataba de "datos sensibles", o más bien, de datos personales? [...]. El planteamiento del Tribunal de Milán en el caso Google ha dado lugar a una sentencia que no solo es discutible, sino que además resulta peligrosa para la plena garantía de la libertad de expresión"[43].

Lo paradójico de la condena a Google es que se ha castigado a quien gestiona un espacio expresamente concebido para hospedar contenidos producidos por los usuarios (*user generated content*). Y así, por utilizar una metáfora, serian castigados los directivos de una empresa de alquiler de coches por las infracciones de tráfico cometidas por quienes alquilan un coche.

6. CONSIDERACIONES FINALES (CON UN GUIÑO AL CASO DE *WIKILEAKS*)

Concluyo como he comenzado, esto es, desde "horizonte jurídico de internet" que es también un horizonte del Constitucionalismo contemporáneo como se ha demostrado claramente en el pronunciamiento, anteriormente citado y comentado, del Tribunal Supremo de Estados Unidos, primero, y del *Conseil Costitutionnel* francés después (sin olvidar la sentencia de la Sala Constitucional de Costa Rica). Resulta significativo que justo en los dos países donde surgió el Constitucionalismo, si bien inicialmente siguiendo dos sendas distintas, se registra un nuevo método interpretativo para re-leer y aplicar dos normas antiguas -la Primera Enmienda de la Constitución norteamericana y el art.11 de la Declaración de 1789- pensadas, escritas y aprobadas hace más de dos siglos para afirmar y tutelar la libertad de información: de ayer, de hoy y de mañana. Efectivamente, de estas normas, de aquellos claros horizontes del Constitucionalismo que se abre a la modernidad, hoy se busca y se encuentra el núcleo constitucional fundacional para reconocer y garantizar las nuevas formas expresivas de comunicación electrónica, y en particular,

43 A. BALDASARRE, "Il diritto di *privacy* e la comunicazione elettronica, op. cit., 58. También, G. CAMERA e O. POLLICINO, op. cit. También pueden consultarse críticas a la decisión en G. SARTOR y M. VIOLA DE AZEVEDO CUNHA, op.cit., 671.

con relación a internet. Se está formando a nivel jurisprudencial, y gracias a una labor prudente de interpretación constitucional[44], un *derecho constitucional de acceso a internet*, porque en el contexto de una difusión generalizada de internet, la libertad de comunicación y de expresión presuponen necesariamente la libertad de acceder a tales servicios de comunicación en línea. Por tanto, es obligación de los Estados remover los obstáculos que impiden de hecho el ejercicio de este servicio universal a todos los ciudadanos, que debe garantizarse por medio de inversiones estatales, políticas sociales y educativas, decisiones de gasto público. El acceso a la red, lo recuerdo de nuevo, constituye el modo con el cual el sujeto se relaciona con los poderes públicos y, por tanto, ejercita sus derechos como ciudadano. Negar el acceso a internet, o bien, hacerlo costoso y, por tanto, exclusivo, significa evitar el ejercicio de la mayor parte de los derechos de la ciudadanía.

En definitiva, la libertad constitucional de manifestar el pensamiento consiste hoy en aquello que el art. 19 de la Declaración Universal de Derechos del Hombre de la ONU ha señalado claramente: "buscar, recibir, difundir con cualquier medio de expresión formaciones e ideas, sin limitación de fronteras", incluso cuando -como en el reciente caso de "Wikileads" [45]- la información que viaja *online* en internet pueda crear problemas a los gobiernos nacionales, molestar las relaciones diplomáticas entre Estados y desvelar los *arcana imperii*. Podrá no gustar, y sobre todo podrá redimensionarse la llegada y el efecto, y negar la validez legal, pero queda el hecho de que también a través de esta labor de "buscar, recibir, difundir" se sitúan en el centro el derecho a saber y la libertad de informar, que representan un

44 Para el planteamiento del problema, F. MODUGNO, *Scritti sull'interpretazione costituzionale*, Editoriale Scientifica, Napoli, 2008.

45 Se refiere al caso de la web "WikiLeaks", surgida a finales de noviembre de 2010 y que ha causado una especie de "tsunami digital", ya que ha dado cuenta de una serie de informaciones "reservadas", cuestiones de cables diplomáticos de Estados Unidos sobre actitudes y comportamientos de varios *leaders* políticos y jefes de gobierno, que han sido creados por las embajadas norteamericanas en todo el mundo. Véase, entre otros, los artículos aparecidos en diversas publicaciones internacionales, traducidos y publicados en el semanal "*Internazionale*", n.875, 2010, 14 ss (cuya portada está dedicada a *WikiLeads colpisce ancora*)

nuevo modo de ser de la separación de poderes en una renovada concepción del Constitucionalismo. Antes eran los gobernantes quienes controlaban a los ciudadanos a través del control de la información, sin embargo ahora se hace más difícil controlar lo que el ciudadano lee-ve-escucha, busca-recibe-difunde. La tecnología ofrece a las personas la capacidad de unirse y convertirse en un poder capaz de ver y controlar a otros poderes: *le pouvoir arrêt le pouvoir*.

Efectivamente, no solo es "redes libres en un ciberespacio libre"; de hecho, para que este *slogan* pueda ser eficaz y persuasivo debe equilibrarse con un principio que los juristas conocemos bien, que la libertad requiere siempre de un marco institucional que le permita mantenerse fuera de los ataques que pueda recibir sin una voluntad censora.

Legislación y globalización

SUMARIO:

1. No se puede legislar sin comparar previamente

Georg Wilhelm Hegel decía, que no se puede filosofar sin "Spinozar" previamente: reconociendo así al filósofo Baruch Spinoza un papel decisivo para el desarrollo de la filosofía. Parafraseando a Hegel, podemos decir que no se puede legislar sin comparar previamente: reconociendo de este modo un papel decisivo a la comparación jurídica en la elección de la legislación. Así fue desde los albores del Derecho Comparado: Emerico Amari, pionero de los estudios comparativos, escribió en el año 1857 un libro intitulado "*Crítica de una ciencia de las legislaciones comparadas*[1]", con la intención de valorizar la relación entre la legislación y la comparación, para mejorar la primera con la ayuda de la segunda. Incitado por un criterio histórico, que el autor expresa a través de la afirmación: «las leyes y la historia de las leyes son dos ideas inseparables de la simple palabra de legislación comparada»; el objetivo que persigue es sólo el de comparar, parangonar las "leyes extranjeras", cual producto requerido por el estudio histórico de las experiencias jurídicas de las distintas naciones. Amari afirma[2]: «La ciencia de la legislación comparada, por lo tanto, es la que recoge y parangona metódicamente las leyes de los pueblos, para obtener *la doctrina jurídica de la civilización universal*, y proveer mediante confrontaciones estudiadas a las necesidades políticas económicas e históricas de las naciones; a la

1 E. Amari, *Critica di una scienza delle legislazioni comparate* (1857), vol. 2., coordinado y con introducción de V. Frosini, Palermo 1969 (la introducción fue reeditada en el vol. V. Frosini, *La coscienza giuridica. Ritratti e ricordi,* Turín 2001, 77 y ss.). Hay que señalar que ya en 1805 Vincenzo Cuoco había escrito un *Corso di legislazione comparata,* influenciado fuertemente por la filosofía de G.B. Vico

2 Véase M. Serio, *Gli albori della comparazione giuridica nella "Critica di una Scienza delle legislazioni comparate" (1857) di Emerico Amari,* en *Annuario di diritto comparato e di studi legislativi,* 2012, 411y ss. Se puede consultar esta obra de Mario Serio por el minucioso y exhaustivo análisis del pensamiento de Amari con referencia a la *Critica*

imitación de las leyes a crear, y a la interpretación de aquellas ya imitadas; a la experiencia de los legisladores con la noticia de las vicisitudes de la fortuna de las leyes; a la demostración de un derecho universal de la razón y el progreso providencial de la raza humana en la idea de una naturaleza común de las gentes, y por medio de la transmisión preordenada de la civilización [...]»[3].

Menos de una década después de la publicación de la obra "*Critica*" de Amari, es decir, en 1869, se crea, en París, la *Société de législation comparée,* cuyo objetivo principal se convirtió en "*l'étude des législations étrangères et de recherche des moyens susceptibles d'améliorer la législation*". Una vez más, la comparación y la legislación, como una especie de endíadis unida y, por tanto, imprescindible. La misma *Societé* organizó en el año 1900, el *Premier Congrès international de droit comparé,* en el cual se estableció la autonomía del derecho comparado entendido como "*discipline distincte, indépendante et autonome*", cuyo método se desarrolla y consiste en el "*comparer que de chose comparables*"[4].

Estas breves notas sobre los orígenes de la comparación jurídica, indican cómo la legislación era esencialmente el "formante", como se dice hoy, para ser sometido al análisis comparativo para permitir, también, un mejoramiento de la legislación nacional. Si este era el programa de ayer, se puede considerar válido aún hoy en día? Yo diría sin duda que sí, excepto que se quiera contextualizar mejor la problemática y teniendo en cuenta los acontecimientos que han llegado a manifestarse con el tiempo.

2. Ley, legislación, globalización

Por supuesto, varias cuestiones deben aclararse con el fin de circunscribir mejor las potencialidades del derecho comparado al uso de la legislación. Y, por ende: *a)* es necesario verificar cómo y que cosa se compara; *b)* si la comparación se realiza sólo a efectos de la investigación legislativa o bien si incide en la elección final

3 E. Amari, *obra citada*, par. CLXII

4 Algunos antecedentes en G. Recchia, *Consonanze e dissonanze nel diritto pubblico comparato*, Padua 2000, 5. Sobre los orígenes de la comparación jurídica, ver el fresco histórico de G.F. Ferrari, *Le origini storiche della comparazione pubblicistica*, en esta *Revista*, n. 1, 2012

del acto; *c)* si el uso de la comparación es fruto de una especie de diálogo entre los parlamentos, o si existen verdaderos trasplantes de normas; *d)* si la diferenciación de los procedimientos legislativos atenúa el posible alcance del método comparativo; *e)* si existe una relación entre la denominada globalización y la semejanza tendencial entre las leyes; *f)* si, de todos modos, el valor de la ley sigue siendo un punto neurálgico de las democracias constitucionales.

In the end is the beginning, esto significa que la última de las cuestiones planteadas es propedéutica de todas las anteriores. ¿La ley tiene todavía un valor en las democracias constitucionales? ¿Aún es el acto por el cual se determinan las relaciones jurídicas al interior de las sociedades? Por supuesto, no se cuestiona el principio de legalidad, punto arquimédico del constitucionalismo; más bien conviene medir el impacto de la fuente ley al interior de la ciudadanía, y especialmente en los sectores estratégicos como la economía y el mercado, para ver si todavía es el legislador quien decide o no. Este tema hoy se manifiesta como central en los estados constitucionales: el mercado o la economía "material", se rige por principios impuestos discrecionalmente por el legislador, o bien, ¿es este último el que debe terminar con el actuar dentro de los límites que derivan de los principios establecidos por la economía? En torno a esta pregunta se pueden, sin embargo, desarrollar razonamientos diversificados según las fuentes. Entonces, la posible tensión entre economía y derecho puede llegar a manifestarse a través de las medidas de naturaleza legislativa que el Parlamento y el gobierno adoptan. A través de las cuales el legislador prevé decisiones de orientación económica, o simplemente se limita a reconocer y regular lo producido por el mercado económico. Consideremos entonces, en particular, aquellos períodos caracterizados por la llamada crisis económica, que imponen medidas de emergencia, adoptables mediante disposiciones legislativas, con el fin de frenar los efectos negativos de la crisis. Y entonces, una producción legislativa encaminada toda a regular las acciones y las estrategias para enfrentar la emergencia económica (y financiera)[5]. Aunque sólo las

5 Sobre el argumento de la crisis económica y las respuestas jurídicas, véase el vol. G. Cerrina Feroni y G.F. Ferrari (coordinado por), *Crisi economico-finanziaria e intervento dello Stato. Modelli comparati e prospettive*, Turín 2012

(recientes) crisis económico-financieras evidencian la conciencia que la globalización de la economía requiere una disciplina jurídica pública también global, y por ende reglas de derecho ciertas y controles estrictos sobre su respeto[6]. Las crisis, más allá de las problemáticas de las cuales desencadenan, ya no se pueden enfrentar sólo con medidas de naturaleza puramente económica y ni si quiera con medidas sólo internas para cada Estado individual por medio de medidas legislativas. La desconfianza natural de los mercados, derivada de la crisis, acabó determinando una dificultad tendencial de los gobiernos nacionales para financiar, a través de las disposiciones legislativas, otro gasto público, es decir los servicios públicos, sobre todo en presencia de altos niveles de deuda pública.

Luego de esta breve incursión sobre la relación entre la legislación y la regulación de la economía de los mercados, regreso al problema relacionado con el valor actual de la ley. Esta entró en una fase de desvanecimiento, primero en la era moderna «era una ley dura, rígida, presuntuosa. La ley post moderna es moderada, flexible, pacífica»[7]. La palabra es igual -ley- el uso en cambio es bien diverso, también refleja un trabajo continuo de interpretación, que puede llegar a transfigurar la letra para favorecer el espíritu. De este modo, surge una relación "circular", por así decirlo, entre la legislación y la interpretación: las "dos caras del derecho", como las definió Adolf Merkl[8]. Al respecto, cito, para mayor claridad y poder resolver el problema: «La ley, esta realidad áspera, dura e independiente, es unitaria, es estática, es idéntica a sí misma en su enunciación y en su aplicación - pero sólo en apariencia. Su verdadera naturaleza es dialéctica ya que el texto normativo pasa entre el legislador que lo ha emanado y el intérprete que lo aplicará; el texto establece una tensión entre dos polos, cada uno de los cuales no se puede hacer sin el otro.»[9].

---

6 A nivel global y sobre las recaídas en tema de la estructura constitucional, ver el vol. X. Contiades (ed.), *Constitutions in the Global Financial Crisis. A Comparative Analysis*, Surrey 2013

7 P.G. Monateri, *I confini della legge. Sovranità e governo del mondo*, Turín 2014, 64

8 A. Merkl, *Il duplice volto del diritto. Il sistema kelseniano e altri saggi*, tr.it. de C. Geraci y pres. de M. Patrono, Milán 1987

9 Ver Frosini, *La lettera e lo spirito della legge*, 3° ed., Milán 1998, 44; Id., *Gesetzgebung und Auslegung*, Baden-Baden 1995

Por supuesto, es cierto que cada ordenamiento incorpora una idea de la ley que debe ser parametrizada según el tipo de Estado y de la forma de gobierno, de cuyo modelo pueden derivar otros poderes y centros de competencias legislativas que contribuyen a la elaboración de las leyes: es suficiente pensar en los estados federales, que asignan a la periferia una serie de facultades legislativas, pensemos también al papel del ejecutivo, como en Francia, que tiene competencia para legislar por medio de reglamentos (esto no quiere decir que lo que es ley en Francia no lo sea en otras partes, por ejemplo en Italia). Y se podrían hacer más ejemplos. Pero más allá de los criterios ordenadores de las fuentes, de la diferenciación de los procedimientos legislativos[10], así como de la regulación europea de aplicación directa, subsiste el hecho que actualmente la ley, la que una vez era considerada *l'expression de la volonté général*, según Carré de Malberg, ha perdido parte de su fuerza y de su capacidad para regular las relaciones jurídicas. No logra regular la complejidad de la realidad, no logra seguir y conducir la aceleración de los procesos sociales. Y entonces, el resultado de este razonamiento es que la ley hoy en día se manifiesta cada vez más como un mero simulacro.

En primer lugar y sobre todo porque ya no tiene la exclusividad, o ya no es la única medida con la cual se prescriben las reglas para la ciudadanía. Los términos del problema son conocidos: la denominada globalización -entendida como "desterritorialización" y por ende «eclipse del Estado e de su expresión más especular, la soberanía»[11]- ha fomentado el surgimiento y la propagación de nuevas y variadas fuentes del derecho como la

---

10 Ver el vol. R. Dickmann y A. Rinella (coordinado por), *Il processo legislativo negli ordinamenti contemporanei*, Roma 2011

11 P. Grossi, *Globalizzazione, diritto, scienza giuridica*, actulmente en Id., *Società, diritto, stato. Un recupero per il diritto*, Milán 2006, 285; el cual prosigue (287 ss.): «globalización -para el jurista- significa ruptura del monopolio y del rígido control del estado sobre el derecho. Si anteriormente el ligamen, el vínculo entre el derecho y la voluntad política tenía carácteres casi necesarios, ahora la virulencia y la capacidad del imperio de las fuerzas económicas imponen otras fuentes de producción. El legislador estatal es lento, distraído, vilmente propenso a los deseos de los partidos políticos [...]»

soft law[12], que se están expandiendo cada vez más sin confines y por lo tanto no existen fronteras jurídicas. ¿Qué son el resultado de una praxis jurídica que altera la jerarquía normativa y que substrae a los estados la titularidad del derecho permitiendo a otros sujetos, sobre todo privados, a participar activamente en la producción del derecho. De hecho, hay más: un desarrollo incontenible del derecho de los individuos, o un derecho elaborado por los individuos, que genera derechos que no se refieren más al Estado, sino a las personas, a los individuos[13]. Y que promueve respuestas a los acontecimientos y a las situaciones que se producen de una manera dinámica, tratando de fijar restricciones u obligaciones que sin embargo dejan margen para la acción y la elección de los destinatarios. Esto también se aplica a la justicia, en la cual se han acentuado, *around the World*, las alternativas de solución de conflictos encomendados a los privados, ya sea para el trámite de las mediaciones o de los arbitrajes, que se fundan sobre la base de la voluntad negocial de las partes en conflicto[14].

Por lo tanto, se argumenta, que el baricentro de la producción jurídica se está trasladando sobre los regímenes privados, o sobre los acuerdos estipulados por actores globales, sobre los reglamentos comerciales de las empresas multinacionales, sobre las reglamentos internos de las organizaciones internacionales, sobre los sistemas de negociación entre las organizaciones y sobre los procesos mundiales de estandarización. Como ya se afirmó, «los gobiernos privados, los reglamentos privados y la justicia privada se están convirtiendo en fuentes jurídicas centrales,

12 Véase. E. Mostacci, *La* soft law *nel sistema delle fonti: uno studio comparato*, Padua 2008.

13 V. lo argumentado por M.R. Ferrarese, *Diritto sconfinato. Inventiva giuridica e spazi nel mondo globale*, Roma-Bari 2006. Un gran número de estudios sobre la globalización jurídica: entre otros, recientemente S. Cassese, *Il diritto globale. Giustizia e democrazia oltre lo Stato*, Turín 2012; G. Palombella, *E' possibile una legalità globale? Il* Rule of law *e la governance del mondo*, Bolonia 2012 y el vol. de la Asociación italiana de los constitucionalistas, *Costituzionalismo e globalizzazione (Actos del XXVII Congreso anual Salerno, 22-24 noviembre 2012)*, Nápoles 2014

14 Sobre este punto, se remite a T.E. Frosini, *Un diverso paradigma di giustizia: le* Alternative Dispute Resolution, en *Analisi giuridica dell'Economia*, n. 1, 2011; sobre el arbitraje, ver G. Recchia, *L'arbitrato nel diritto comparato*, coordinado por T.E. Frosini, Padua 2014

fenómenos intrínsecamente jurídicos que en el Estado - Nación habían sido empujados a la zona gris de la facticidad (jurídica) [...]. En los regímenes privados globales está emergiendo una verdadera auto-deconstrucción del derecho que simplemente abate algunos de los principios fundamentales del derecho nacional»[15]. Argumento persuasivo, pero que no convence.

Esta nueva forma de entender el derecho -acabada de mencionar- que produce derechos además de la función legislativa del estado, en mi opinión refleja una visión demasiado occidental de un proceso de globalización único y unificador. Lo que en realidad no es: los procesos de globalización son de hecho diferentes y se articulan, incluso bajo una forma de islamización o de orientalización, y luego «a la competencia por la globalización concurren actualmente tres candidatos principales: el Occidente, el Islam y Asia oriental. Nadie puede predecir el resultado de esta competencia [...] por lo que es poco probable que nos estemos dirigiendo hacia una sola cultura mundial y cosmopolita, porque *una* cultura cosmopolita implica que la cultura de una persona es cosmopolita, mientras que aquellas de los otros no lo sean»[16]. Si el derecho comparado quiere adaptarse a los desafíos teóricos y prácticos de la globalización tendrá que ampliar necesariamente sus horizontes más allá del Occidente, acercándose, por lo tanto, a las experiencias jurídicas *beyond West* y abandonando, o redimensionando, la perspectiva eurocéntrica[17].

Con referencia, en particular, a la relación entre la legislación y la globalización, es dudoso que pueda existir un motivo de fuerte condicionamiento de una contra la otra. Por un lado, porque, como se mencionó antes, el fenómeno de la globalización exalta nuevas formas de regulación, que no derivan directamente de la voluntad del legislador, por otro lado porque la legislación, si bien fragmentada y debilitada, ha mantenido su

---

15 Así, G. Teubner, *La cultura del diritto nell'epoca della globalizzazione. L'emergere delle costituzioni civili*, Roma 2005, 61-62

16 Así, H.P. Glenn, *Tradizioni giuridiche nel mondo. La sostenibilità della differenza*, tr. it., Bolonia 2010, 104

17 Sobre lo anterior ver D. Amirante, *Al di là dell'Occidente. Sfide epistemologiche e spunti euristici nella comparazione "verso Oriente"*, en *Dir. Pubbl. Comp. Eur.*, n. 1, 2015, 5 ss.

valor intrínseco, aunque como residuo de un baluarte de la soberanía. Me refiero sobre todo a ciertas leyes que, en términos de contenido, no parecen sufrir formas de contaminación por parte de otras experiencias jurídicas. Claro, que de todas formas se someten al *test* de la comparación, por así decirlo, pero luego se expresan en su originalidad, como si estuvieran marcadas por una especie de denominación de origen controlada.

Por ejemplo, es el caso de la ley electoral. Bueno, sin temor a equivocarme, se puede decir, sin embargo que cada País, al menos entre los atribuidos a la forma de estado de la democracia liberal, tiene una ley electoral que expresa su propio sistema electoral, que no puede ser parangonada en otros lugares[18]. Es como si en materia electoral existiera una soberanía absoluta, ejercida a través de la identificación de un sistema electoral propio que no copia y no reproduce otros modelos. Cito por ejemplo, Francia con el sistema mayoritario a dos vueltas, Gran Bretaña con el sistema uninominal *first past the post*, Alemania con el sistema proporcional con la cláusola de bloqueo o umbral del 5%, España con sistema proporcional con colegios provinciales restringidos, que determinan un efecto mayoritario; y así también en los EE.UU., Australia, Canadá. Incluso en Italia, la última propuesta de reforma de la ley electoral -en una etapa avanzada de la aprobación- fue definida por las mismas fuerzas políticas, "*italicum*": justo con el fin de querer caracterizar e identificar todo el "producto" legislativo como italiano.

Si esto se aplica a las leyes con alto contenido político, como la ley electoral, tal de calificarla como *Grundnorm* de la constitución en sentido material, igualmente para las leyes con un alto contenido ético. También en este caso, se procede al *test* de la comparación, o se verifica como en otras partes fue reglamentada la materia determinada, pero luego se tiende a legislar por cuenta propia, es decir, sin emular lo que se ha hecho en otros lugares. Es el caso de la ley sobre la procreación asistida médicamente[19],

---

18 En términos de comparación, véase T.E. Frosini, *Sistemi elettorali e sistemi di partito*, en P. Carrozza, A. Di Giovine, G.F. Ferrari (coordinado por), *Diritto costituzionale comparato*, Roma-Bari 2009, 746 ss.

19 Ver T.E. Frosini y C. Casonato (coordinado por), *La fecondazione assistita nel diritto comparato*, Turín 2006

o sobre las diversas leyes que regulan las uniones civiles y también los matrimonios de homosexuales. Por supuesto, esto incide sobre el nivel del componente ético más o menos generalizado, o la presencia religiosa en el territorio y sobre la ciudadanía; de lo contrario, la influencia de la religión al interior de la mayoría política-parlamentaria[20]. Sobre este aspecto, haciendo referencia a lo que se dijo antes sobre los procesos de globalización, no se puede prescindir del factor religioso como fuente del derecho en los países islámicos. Problema difícil y delicado del cual no me ocuparé en este escrito[21].

No creo que el ejemplo de estas leyes, con contenido político y con contenido ético-religioso, pruebe demasiado. De hecho, son leyes a través de las cuales se plasma una caracterización de la forma de Estado y de Gobierno muy significativa, que reconocen una especie de "patrimonio constitucional común" conservando de todos modos una especifidad propia en los ordenamientos nacionales. Con esto quiero decir, que el fenómeno de la globalización debe ser considerado desde un ángulo adecuado, que sin duda es el económico y el tecnológico, pero que no ha absorbido, de hecho engullido, la estructura institucional de los estados y la legislación de los mismos, en materia de opciones que caracterizan la forma de Estado y de Gobierno. Sobre esta última, entonces, los modelos son diversos y diferentes, que van desde el sistema presidencial en la versión estadounidense o en la sudamericana, pasando por el parlamentarismo que se manifiesta con normas y praxis diferenciadas en gran parte de Europa, hasta llegar al semipresidencialismo cuya procedencia francesa fue alterada en otros países europeos y en el este de Europa[22]. Sin dejar de considerar las convenciones constitucionales, que se forman en materia de la forma de gobierno, que tienen todas las características y modalidades relacionadas con los distintos ordenamientos.

---

20 Sobre estos argumentos, actualmente hace un balance el fascículo de *Percorsi costituzionali*, n. 2/3, 2013 dedicado a "Costituzione e Religione"

21 Sobre la numerosa bibliografía sobre el tema, quiero recordar el vol. de A. Predieri, *Shari'a e Costituzione*, Roma-Bari 2006

22 Sobre el argumento, hace un balance el trabajo reciente de M. Volpi, *Il metodo nello studio e nella classificazione delle forme di governo* en *Dir. Pubbl. Comp. Eur.*, n. 1, 2015, 131 ss.

Por ello no me convence que la tesis acerca de la cifra metodológica de la comparación, que es la de las diferencias/similitudes, haya tenido una menor incidencia durante la época de la globalización,. Se argumenta que con la globalización ha aumentado la dosis del método fundada en las similitudes en lugar de las diferencias -invirtiendo la relación, donde estaban y están las diferencias que exaltan más y mejor el análisis comparativo[23]- y luego, que, en todo caso, son otras las dinámicas que dan forma e indican la investigación del comparatista, como la convergencia, el intercambio y la contaminación, a través de un *dynamic longitudinal project*[24]. Será cierto que «vivimos en una época que considera con favor la unificación y la alienta»[25] y que el ordenamiento jurídico europeo, sin duda se mueve en esta dirección, aunque "unidos en la diversidad". Pero para el *comparative law in book* y *il comparative law in action* -sin embargo, capaz de perseguir al mismo tiempo la unidad y la diversidad- se mantiene y permanece el método de las diferencias, incluso en la era de la globalización. La comparación entre los sistemas y las normas jurídicas «debe exaltar las diversidades y hacerlo con especial referencia al escenario del derecho global, con su carácter trans-

---

23 Recientemente, sobre las problemáticas relativas al método comparado, también con referencia al fenómeno de la globalización, véase L. Pegoraro, *Diritto costituzionale comparato. La scienza e il metodo*, Bolonia 2014, spec. 261 ss. y A. Somma, *Introduzione al diritto comparato*, Roma-Bari 2014, spec. 167 ss.; P.G. Monateri (ed.), *Methods of Comparative Law*, Cheltenham, 2012

24 Esta es la tesis sugestiva de M.R. Ferrarese, *Il diritto comparato e le sfide della globalizzazione. Oltre la forbice differenze/somiglianze*, en *Riv. cr. dir. priv.*, n. 3, 2013, 369 ss. Véase también H. Muir Watt, *Globalization and Comparative Law*, en M. Reimann y M. Zimmermann (ed.), *The Oxford Handbook of Comparative Law*, New York 2006, 583 ss., el cual plantea como cuestión si la comparación pueda ser aún posible en el mundo globalizado. Valoriza el método comparado en la globalización, A.M. Musy, *La comparazione giuridica nell'età della globalizzazione. Riflessioni metodologiche e dati empirici sulla circolazione del modello nordamericano*, Milán 2004

25 Así, R. Sacco, *Il diritto fra uniformazione e particolarismi*, Nápoles 2011, 19; sobre el tema, con referencia al derecho público, v. G. Morbidelli, *Il diritto amministrativo tra particolarismo e universalismo*, Nápoles 2012, el cual valoriza el particularismo de la estatalización de las fuentes regionales y locales (se trata, para ambas obras, de lecciones magistrales realizadas en la Università Suor Orsola Benincasa)

nacional, así como nacional y supranacional [...]. Posiblemente hay que destacar de manera crítica las modalidades con la que las diferencias pueden ocultarse con carácter unificador clave, o por el contrario promovidas, también en términos preceptivos abiertamente. Lo que puede acaecer utilizando también métodos de normas destinadas a producir una comparación que une, los cuales pueden, de vez en cuando, ser parte de estrategias argumentativas en general encaminadas a realizar una comparación que por el contrario no divide»[26]. Recurro a esta cita, que comparto plenamente, también con el fin de evidenciar las razones metodológicas de una investigación comparativa que no puede dejar de ser más fundada en las diferencias. Debemos tener cuidado con las convergencias, o consonancias, y por lo tanto de la idea que *tout se tient*: «sería mejor que el teórico se obstinase a distinguir siempre, meticulosamente, incluso a costo de llevar la contraria, en lugar de entregarse a analogías apresuradas que irrumpen con docilidad tan sospechosa como condescendiente»[27]. Me parece que esto se relacione sin duda alguna al tema de la legislación y de la comparación, como se describió anteriormente.

Otro argumento que se menciona aquí es: el diálogo entre los parlamentos, que recuerda a su vez otro "diálogo" famoso, o bien, el de las Cortes. Diálogo, este, muy estudiado y celebrado, con la convicción que su fuerte impacto jurisprudencial sea capaz de sugerir un intercambio, o incluso una interdependencia entre las distintas experiencias jurisdiccionales nacionales. A menos que se verifique, como se ha hecho, que falta el diálogo entre las Cortes estatales, y en todo caso, hay un intercambio sobre todo unilateral de las decisiones jurisprudenciales; ni tampoco hay un recurso al uso de la comparación, sino más bien una referencia aproximada al derecho extranjero[28].

---

26 Así, A. Somma, *Introduzione al diritto comparato*, cit., 170

27 Así, C. Luzzati, *Il giurista che cambia e non cambia*, en *Dir. Pubbl.*, n. 2, 2013, 397

28 Véase G. de Vergottini, *Oltre il dialogo fra le Corti. Giudici, diritto straniero, comparazione*, Bolonia 2010; sobre la tesis defendida por A., ver las reflexiones críticas de P. Ridola, *Il "dialogo fra le Corti": comunicazione o interazione?*, en *Percorsi cost.*, n. 3, 2012, 273 ss.

Si existen perplejidades respecto al denominado diálogo entre las Cortes, con mayor razón no se considera que se haya llegado a desarrollar, de manera eficaz y con una perspectiva comparativa, un diálogo entre los parlamentos, aunque no debe entenderse más como una circulación espontánea de los modelos, sino más bien como "ponerse al servicio" de otro ordenamiento[29]. El uso de la comparación o mejor del conocimiento del derecho extranjero[30], las asambleas legislativas lo desempeñan en la fase preparatoria, en donde se recogen materiales legislativos, entre otras cosas, de otros ordenamientos, a fin de conocer el modo como dicha materia o determinado problema ha sido regulado en otro lugar. Al interior de las asambleas legislativas, existen las oficinas parlamentarias de derecho comparado, que desempeñan la tarea principal de recoger en *dossiers* todo el material legislativo, jurisprudencial y doctrinal alrededor del mundo, con referencia a un tema determinado puesto en consideración para una reglamentación normativa. Este trabajo de documentación se realiza cada vez que la Asamblea tiene la intención de iniciar el *iter* legislativo para regular una disciplina en particular. De lo contrario, pueden ser de ayuda, para un mayor conocimiento a nivel comparado, las audiciones realizadas en las investigaciones cognocitivas promovidas por las asambleas parlamentarias, sobre todo cuando el auditor es un estudioso del derecho comparado. Por supuesto, es probable que peque por ser un trabajo acrítico, de simple reconocimiento de las fuentes del derecho positivo y de los textos jurídicos extranjeros. Pero es fungible para orientar al legislador sobre cómo se dispuso para regular en otros lugares, induciendo de este modo al legislador a realizar un razonamiento de analogías y diferencias, en don-

---

29 En lo que se puede ver L. Scaffardi (coordinado por), *Parlamenti in dialogo. L'uso della comparazione nella funzione legislativa*, Nápoles 2011; sobre el tema, ver actualmente E. Örücü, *Comparisons and trans-frontier mobility of law: legal transplants in a comparative perspective*, en *Percorsi cost.*, n. 3, 2014

30 Es obvio que no es la misma cosa: «el derecho comparado concierne necesariamente el derecho extranjero [pero] estudiar un sistema jurídico extranjero -como tal- no significa aún efectuar una comparación», así K. Zweigert y H. Kotz, *Introduzione al diritto comparato*, ed. it. Coordinado por A. Di Majo y A. Gambaro, Milán 1992, 7

de estas últimas suelen prevalecer, al menos en la fase final de aprobación de la ley; mientras que en la fase inicial del proyecto de ley hay una tendencia mayor a emular los textos legislativos extranjeros. Se puede así tratar de resumir y describir, afirmando que el proyecto de ley tiene un enfoque inicial hacia el derecho extranjero para extenderse luego al *iter* legislativo, a través del uso del método comparativo.

Por lo tanto no se legisla sin antes comparar; es decir, conocer, aprender, tomar conocimiento sobre como en otras partes, se dispuso regular un asunto determinado. Entonces, como se dijo anteriormente, el legislador actúa principalmente diferenciando, es decir, sin emular al legislador extranjero, a pesar de conocerlo. El denominado "diálogo" entre las Cortes y, en especial, entre los Parlamentos aparece como un mito, al cual muchos propenden convencidos, aunque hay que verificar en la práctica, que se realicen formas de trasplantes de sentencias y, sobre todo, de normas. Y que todo lo anterior sea un resultado inevitable del proceso de globalización en su inducción hacia una uniformidad jurídica y una proliferación, "orientada occidentalmente", del derecho y de los derechos.

Existe en cambio un asunto que involucra la relación entre la legislación y la comparación, en términos de difusión de experiencias y de modelos jurídicos, que se está consolidando cada vez más en los ordenamientos contemporáneos: se trata del tema sobre la "calidad de las leyes", conocida también como *better regulation*[31]. Actualmente, sobre este tema, se contraponen los legisladores nacionales. Así mismo sobre este tema, hoy en día, se valoriza la propagación de alternativas legislativas. No sobre el contenido de las normas, sino más bien sobre la forma correcta de redacción o elaboración de las normas (*drafting*) y aún más sobre el análisis de impacto regulatorio (AIR), insertando formas y métodos de técnica legislativa y de análisis económica del derecho. De ahí una primera consideración, que será analizada más adelante, a saber: la ley corre el riesgo de ser considerada con el mismo criterio de un bien de consumo, un producto que se ofrece en el mercado de las reglas y elegido por quienes aplica-

31 Sobre lo anterior ver S. Weatherill (ed.), *Better Regulation*, Oxford 2007.

rán aquella regla. Un "producto" que debe ser limpio, ordenado y correcto en términos de forma; que debe ser racional, ventajoso desde el punto de vista económico y de gran impacto entre los *stakeholders* en términos de viabilidad.

Por supuesto, la necesidad de legislar mejor deriva de un malestar que desde hace mucho, demasiados años, aflige a las democracias y a los Parlamentos, y que se puede resumir así: son demasiadas y numerosas las leyes que se subsiguen continuamente entre sí y, a menudo se superponen, se confunden o se contradicen entre sí; demasiado complicado el discurso legislativo, con reiteradas demoras y derogaciones frecuentes, y a veces con un lenguaje críptico; muy raro, de hecho estrictamente limitado a los expertos, la circulación de los textos legislativos, para que se pueda atribuir al ciudadano la obligación del conocimiento (*ignorantia legis non excusat*): todo lo cual conduce a considerar que estamos en presencia de un exceso de regulación *inflación legislativa*, de hipertrofia de la ley, de una contaminación legislativa. Estos son los problemas, sobre todo en los tiempos modernos; pero este tema es viejo, y se remonta a la Ilustración jurídica y a su ciencia de la legislación[32]. Por consiguiente es necesario comenzar a partir de esa experiencia.

3. De la ley a la legística: teoría y praxis

El problema de la educación del legislador para que ejerza bien su función tuvo un primer planteamiento en el auge del Siglo de las Luces: se puede establecer como fecha, el año 1748, el año de publicación en Ginebra de un libro de autor anónimo, *De l'Esprit des Lois*. Dos años más tarde, en la misma ciudad, fue publicado *Dèfense de l'Esprit des Lois*, obra también sin autor: que mientras tanto, sin embargo, se había descubierto, y era Charles-Louis de Secondat, barón de Montesquieu, cuyo nombre fue luego universalmente reconocido e identificado en la persona del gran jurista francés. Al problema de una redacción adecuada de las leyes, *De l'Esprit des Lois* dedica el cap. XVI del libro XXIX, titulado precisamente *Choses a observer dans la composition des lois*. Con admirable y eficaz exposición, Montesquieu enuncia

32 Sobre lo anterior véase M.A. Cattaneo, *Illuminismo e legislazione*, Milán 1966.

los siguientes principios: 1) el estilo debe ser conciso y 2) simple, es decir, la ley debe expresarse en forma directa, coloquial y no reflexiva. 3) Es esencial que las palabras de las leyes evoquen en todos los hombres las mismas ideas. 4) Cuando la ley prevea una sanción (*fissation*) debe evitarse, cuando sea posible, que la misma disponga cierto valor monetario (esto debido a la variación del valor). 5) Cuando en una ley se haya establecido adecuadamente la idea de las cosas a las que se refiere, hay que evitar recurrir a expresiones vagas. 6) Las leyes no deben contener sutilezas: estas últimas son hechas para gente de inteligencia mediocre; no son un arte de la lógica, sino que deben expresar la simple razonabilidad de un padre de familia. 7) Cuando en una ley las excepciones, las limitaciones, las modificaciones no son necesarias, es mejor no ponerlas, los detalles crean detalles. 8) No hay que introducir modificaciones en una ley sin razón suficiente para introducirlas. 9) Cuando se considere una ley (en su contexto), es necesario que tal consideración merezca ser enunciada. 10) ¿Lo que la ley presume tiene mayor valor de lo que presume un hombre común. 11) Las leyes inútiles debilitan las leyes necesarias; lo mismo sucede con las leyes que permiten a las partes eludirlas fácilmente. 12) Hay que tener cuidado de que las leyes sean concebidas de manera que las mismas no se opongan a la naturaleza de las cosas. 13) Y finalmente, el *faut dans le lois un certain candeur*, es decir, deben respetar la dignidad humana: hechas para castigar la maldad humana, ellas mismas deben demostrar que poseen la máxima inocencia [33].

Luego de Montesquieu, el italiano Gaetano Filangieri: autor de *La scienza della legislazione*, la obra que marcó el período de inicio de la literatura jurídica sobre la elaboración de las leyes[34]. El argumento de Filangieri, enunciado en el título del capítulo III, Libro I, de su obra, es que «la legislación, y por lo menos las demás competencias, debe tener sus propias reglas; y sus errores siempre son los flagelos más graves de las naciones». La

33 Cit. por Montesquieu, *Oeuvres complètes*, coordinado por R. Caillois, París 1989, T. II, 876-881. La paráfrasis y numeraciones son mías.

34 G. Filangieri, *La scienza della legislazione* (1780), con *Introducción* de V. Frosini, coordinado por F. Riccobono, 2 volúmenes, Roma 1984 (Istituto Poligrafico e Zecca dello Stato).

disertación, que se extiende a lo largo de la obra, sin embargo, tiene un carácter eminentemente politológico. Aunque no le faltan consideraciones de orden formal, el objetivo de Filangieri no fue enunciar precisamente una técnica de producción legislativa, sino que fue más bien el de indicar las directrices, de conformidad con la razón ilustrada, de una legislación beneficiosa para la humanidad, inspirada por una visión cosmopolita, que comprendía inclusive las nacientes esperanzas de los Estados Unidos de América, donde el autor hubiera querido trasladarse.

Al ideal ilustrado de una "ciencia de la legislación", inspirado en los principios de la racionalidad absoluta y dogmática, se sucedió a principios del siglo XIX el método operativo moderno de una "técnica de la legislación", cuya ejecución fue encomendada a un *corpus* de expertos en producción normativa debido a su formación jurídica: casi artesanos del derecho, al que se comisionó el trabajo de conversión de la voluntad política en una estructura jurídica, que contemple el propósito del legislador de manera objetiva, concretizada en términos de legalidad[35]. Por supuesto, se trata de un tema conocido que queremos recordar en sus características esenciales. La reflexión metodológica sobre la formación de las leyes por obra de un grupo de juristas técnicos se inició en Gran Bretaña: Cómo y por qué justo en esa isla, se explica por el hecho que es ahí donde nace y se consolida el *Rule of Law*, es decir, un sistema en el cual domina la ley. De lo contrario, debido también a la "no sistematicidad congénita del ordenamiento jurídico vigente en el Reino Unido (con diferencias significativas en cuestión de legislación, entre Inglaterra, Gales, Escocia e Irlanda del Norte) desprovisto de códigos y de una constitución formal, más apremiante es la necesidad de recurrir a la técnica legislativa, para proporcionar sistema a través de significativos procedimientos de *drafting*, es decir, de programación legislativa.

Fue Jeremy Bentham, que vivió a caballo entre los siglos XVIII y XIX, quien formuló una reflexión sobre el método de la legislación. Heredero del racionalismo del siglo XVIII en un

---

35 Se cita la obra del alemán K.S. Zachariae, *La scienza della legislazione* (1806), coordinado por R. Calvo, Nápoles 2010

clima cultural inaccesible, como el Inglés, y precursor del utilitarismo y del positivismo jurídico, corrientes del pensamiento típicas del siglo XIX, Bentham fue en su época más conocido en Francia que en Inglaterra, gracias a la traducción francesa de sus *Tratés de législation civile et pénale* publicados en París en el año 1802[36]. En ellos asumió una posición crítica, adversa al sistema inglés del *judge-made law* y a favor del idea de la codificación, en sintonía (pero sin sujeción mental) con la experiencia jurídica llevada a cabo en Francia, en ese entonces. El mayor mérito de Bentham, en relación con nuestro tema, sin embargo, es de un carácter particular. Su doctrina influyó el pensamiento y estimuló la iniciativa de uno de sus seguidores, Henry Brougham, que en el año 1828 pronunció un discurso importante en la Cámara de los Comunes, el *Law Reform Speech*, en el cual trazó un programa de reforma de la producción legislativa inspirado en una concepción claramente delineada de un sistema di técnica legislativa[37]. En el año 1830 se convirtió en Lord Canciller y nombró una *Royal Commission on the Consolidation of Statute Laws*, cuyo informe, presentado en el año 1835, representa la base del procedimiento de la técnica legislativa desarrollada en Gran Bretaña hasta el famoso, *Renton Report* de mayo de 1975[38].

Un caso ejemplar de esta relación de integración entre la reflexión y la aplicación práctica de la técnica legislativa se ofrece en Gran Bretaña por el informe, que una comisión de doce expertos, presidida por Sir David Renton y nombrada el 7 de mayo de 1973, entregó al Parlamento británico el 19 de mayo de 1975[39]. La importancia del documento consiste en el hecho, que

---

36 J. Bentham, *Tratés de législation civile et pénale* (1802). Sobre Bentham y la legislación, en la doctrina italiana, véase L. d'Alessandro, *Utilitarismo morale e scienza della legislazione. Saggio su Jeremy Bentham*, Nápoles 1981

37 Sobre Henry Brougham, ver la biografía de C.W. New, *The life of H. Brougham to 1830*, Oxford 1961.

38 Para un análisis de la formación, desarrollo del sistema inglés de técnica legislativa, véase M. Zander, *The Law-Making Process*, segunda ed., Londres 1985 y K. Patchett, *Legislative Drafting in Common Law System*, Londres 1989; V.C.R.A. Crabbe, *Legislative Drafting*, Londres 1993

39 Conocido como *Renton Reporter*, el título completo es: *The Preparation of Legislation. Report of a Committee Appointend by the Lord President of the Council*,

estableció un modelo de trabajo de técnica legislativa, que como él mismo enuncia, «será útil para todos aquellos que en el futuro se hagan responsables de la presentación de un proyecto de ley ante cualquier asamblea dotada de poder legislativo». El *Renton Report* aquí, pues, se considera bajo el aspecto metodológico y problemático, lo que lo convierte en una obra de la doctrina, en la que la referencia a la experiencia parlamentaria británica constituye la base empírica y positiva, que mantiene el discurso libre de abstracciones, aunque abierto a una dialéctica de reflexión, de modo que sirva como paradigma de referencia incluso fuera de su propio ámbito jurídico y cultural[40].

Los motivos temáticos contenidos en el mismo representan, de hecho, los elementos fundamentales de evaluación para determinar el significado y la funcionalidad del mensaje legislativo como tal: el diseño de un proyecto legislativo se somete a una serie de principios y de criterios operativos, por tanto, no es trabajo artesanal de expertos, sino más bien una verdadera ciencia y técnica de la legislación que se puede enseñar, es decir, que se transmite con carga evaluativa en cuanto obra de racionalidad. Sus principios son de carácter universal: son la claridad discursiva, la transmisibilidad generalizada, la transparencia procesal, el control racional, la certeza jurídica.

Los temas del *drafting* y del procedimiento legislativo inglés fueron considerados y estudiados por una comisión instituida por la *Hansard Society*, que redactó en el mes de noviembre de 1992 un informe titulado *Making the Law, the report of the Hansard Society commission on the legislative process*, pero conocido como informe Ripon por el nombre del presidente de la comisión, Lord

---

Londres 1975, traducido en italiano.: Renton Report, *La preparazione delle leggi. Rapporto presentato al Parlamento inglese* (1975), introducción y notas de R. Pagano, Roma 1990 (ediciones de la Cámara de diputados)

40 Esta naturaleza del *Renton Report* fue reconocido en Italia por A. Pizzorusso, *Il* Renton Report *e le prospettive di evoluzione del sistema giuridico inglese*, en A. Giuliani y N. Picardi (coordinado por), *L'educazione giuridica*, vólumen V: *Modelli di legislatore e scienza della legislazione*, tomo III: *La discussione contemporanea*, Nápoles 1987, 139-166; véase también R. Pagano, *Struttura e tecnica della legislazione nell'ordinamento inglese*, introducción a Renton Report, *La preparazione delle leggi. Rapporto presentato al Parlamento inglese* (1975), cit., 3-46.

Ripon. Las recomendaciones formuladas en el informe se resumen de la siguiente manera: a) la adopción de un lenguaje más claro, sencillo y conciso, con tal que esto no vaya en contra de la certeza de la norma; b) la eliminación de cualquier detalle inútil y complicado de la legislación primaria; c) la atribución de la responsabilidad ministerial del *Parliamentary Counsel Office* al *Attorney General*, en particular, por lo que se refiere a la supervisión de las técnicas de *drafting* utilizadas y el control de la elaboración de todos los proyectos de ley gubernamentales.

Y una vez más: desde el gobierno de Thatcher hasta el actual gobierno Cameron, la atención hacia el mejoramiento de la calidad regulatoria se demuestra por la creación, al interno de la Oficina del *Prime Minister*, de una Unidad -llamada *Deregulation Unit* en el gobierno conservador y *Better Regulation Unit* en el gobierno laborista- considerada para mejorar la calidad de la regulación, con especial atención al análisis económico del impacto de la reglamentación sobre los ciudadanos y sobre las empresas y a la fase ascendente de la normativa comunitaria. La unidad, sin embargo, ha elaborado *Guides* adecuadas, que son dirigidas a todos los Ministros y oficiales públicos del Reino, las cuales, a pesar que no tienen fuerza vinculante, son estimadas en modo serio y considerable por los destinatarios de las mismas. Entre las disposiciones más recientes adoptadas en el Reino Unido, hay que recordar, sin duda, el *Legislative and Regulatory Reform Act* de 2006, con el cual se dió aplicación legislativa a los principios de *good regulation* previstos en el informe *Principles of Good Regulation* de 1998, realizado por la *Better Regulation Task Force*, que fueron adoptados por el Gobierno. Sucesivamente, el *Law Commission Act* de 2009, que atribuye a la *Law Commission* (cuerpo colegiado compuesto por un presidente, ex juez de la *High Court*, y cuatro miembros seleccionados entre expertos del derecho) la tarea de revisar, de manera sistemática, la legislación vigente, con el objetivo de garantizar la claridad y actualidad, así como la armonización y la consolidación de las normas en vigor, y también para recomendar al Parlamento la derogación de las normas redundantes y obsoletas[41].

41 Noticias en L. Scaffardi y E. Weston, *The use of Comparative Law in the Legislative Process at Westminster*, en N. Lupo, L. Scaffardi (eds.), *Comparative Law in*

4. Quien contamina las leyes, paga. La limpieza de la legislación

También hemos mencionado antes el fenómeno de la contaminación legislativa: en este caso el problema se puede atribuir tanto a los defectos "estructurales", tales como la pluralidad de las fuentes normativas concurrentes, o fuentes sin clara distribución de las competencias y una relación bien definida entre las mismas fuentes; como a los defectos, "subjetivos" que se refieren a la calidad del texto, o a una falta de pericia o atención en la redacción o a la insuficiencia o falta de coordinación con el entorno normativo en el cual se introduce el texto. Aquí es suficiente, solamente, enumerar de manera breve algunos defectos, que determinan el fenómeno de la contaminación: *a)* la ambigüedad semántica y sintáctica; *b)* la vaguedad de la norma; *c)* la abrogación anónima; *d)* las normas intrusas; *e)* la estratificación de normas; *f)* el recurso a leyes *omnibus; g)* las antinomias; *h)* los aplazamientos concatenados: pero es sólo una lista abierta, que puede ser enriquecida con ulteriores tipologías con defectos contaminantes. De este modo, se crea un estado de auténtica "contaminación legislativa", que termina poniendo en riesgo ciertos valores como la certeza del derecho, el equilibrio entre los poderes constitucionales, la eficiencia de la justicia, la observancia de la ley: todos valores importantes y fundamentales de una sociedad democrática liberal, que pueden ser socavados por la difusión y la circulación de las leyes oscuras. Entonces, como ya bien se ha aducido: «la iniciativa de recuperación de la limpieza y claridad del universo normativo es entre las más urgentes para finales este siglo: debido a que la ley oscura se traduce en una ley de delegación en blanco hacia los órganos encargados de aplicarla, y esto a su vez determina un eclipse de garantías jurídicas y, por último, el más amplio desinterés frente a las instituciones democráticas; y porque la inseguridad jurídica y la indiferencia civil abren paso inexcusablemente a la ley del más fuerte, al abuso, a la prevaricación»[42].

Legislative Drafting. The increasing importance of dialogue amongst Parliaments, The Netherlands 2014, 147 ss.

42 Así, M. Ainis, *La chiarezza delle leggi*, en L. Violante (coordinado por), *Storia d'Italia. Annali 14. Legge Diritto Giustizia*, Turín 1998, 913; véase también Id., *La*

Existe un problema de la democracia o de la participación democrática. Es posible que el ciudadano, destinatario natural de la ley que debe cumplir so pena de una sanción, sea puesto en condición de no comprender el significado de la ley, de no adoptar el mensaje legislativo, ya que es excesivamente numeroso, oscuro, complejo y contradictorio? Es de importancia fundamental para una sociedad libre que el derecho sea fácilmente perceptible y razonablemente claro; cunado la ley no pudiese cumplir con estas condiciones, entonces el ciudadano se vería privado del derecho a la democracia, entendido también como el derecho a la participación y a la ciudadanía. Por supuesto, este problema de la contaminación legislativa no tiene límites, aunque en un País del *common law* como los EE.UU., y por ende con una producción normativa circunscrita, el Presidente de la Corte Suprema declaró que «un ciudadano debe ser capaz de entener la ley: si no, la ley es inválida»; de lo cual emanó una sentencia de inconstitucionalidad de la ley *Homest services fraud* porque era demasiado vaga[43]. Por tanto, la buena calidad de la legislación es un elemento esencial del estado de derecho: «*Laws of good quality, precise and transparent statutes, are essential elements of rule of law*»[44].

También existe la necesidad de construir una metodología, es decir una racionalidad técnica enlazada entre los fines y los medios, que adquiere un carácter de comunicación instructiva, y estaríamos tentados para escribir, que tenga una intención pedagógica y didáctica legislativa. Esta idea fue propuesta por Rudolf von Jhering: «como debe ser orientado y modelado el derecho, debido a que las normas jurídicas que deben aplicarse al caso concreto sean lo más sencillas, claras y seguras posible?»[45]. El ideal científico de una legislación, concebida y expresada de

---

legge oscura. Come e perché non funziona, Roma-Bari 1997. De reciente, ver B.G. Mattarella, *La trappola delle leggi. Molte, oscure, complicate*, Bolonia 2011.

43 Cit. en B.G. Mattarella, *op.cit.*, 65.

44 Así, U. Karpen, *Law Drafting and the Legislative Process: Outline of a Training Course for Law Drafters*, en L. Mader y C. Moll (eds.), *The Learning Legislator: Proceedings of the 7th Congress of European Association of Legislation, 31st May-1st June 2006*, Baden Baden 2009, 9.

45 R. von Jhering, *Geist des romischen Recht* (1852-1865), segunda parte, tercera ed., Berlín 1875, 322.

acuerdo a las reglas de la coherencia lógica, tiene sus raíces en la cultura jurídica alemana, como la ciencia de la legislación (*Gesetzgebungswissenschaft*) o doctrina de la legislación (*Gesetzgebungslehre*)[46], y confirma el principio de la racionalidad de la ley, interpretada, no en el sentido original, sino útil y funcional.

Por lo tanto, es necesario enseñar a legislar. Teniendo en cuenta los siguientes principios: 1) la economicidad del discurso; 2) la adecuación del discurso; 3) la comprensibilidad y precisión expresiva; 4) la publicidad. Principios que se desarrollan en las siguientes reglas de legística: a) la reglamentación general debe llevarse a cabo con el menor número posible de reglas; b) a partir del texto de la norma jurídica debe ser fácilmente identificable el destinatario de cada norma y el comportamiento prescrito; c) hay que hacer uso de las palabras y de las formulaciones lingüísticas de uso común y las palabras deben utilizarse de manera precisa y constante; d) en la disposición sistemática se debe tener cuidado con la articulación de las disposiciones con referencia a su contexto objetivo y la comprensibilidad[47].

Estas normas gozan de circulación jurídica y por lo tanto están presentes (aunque no siempre son observadas) en los ordenamientos nacionales europeos, y mucho más. No obstante, las fuentes que disciplinan las reglas varían (leyes, reglamentos, recomendaciones, circulares) y las formas de control a través de las cuales se verifica que se lleve a cabo una correcta aplicación de dichas reglas[48]. Y justo, a propósito del control de la calidad

---

46 Cfr. V. Gubes, *Theorie der Gesetzgebung*, Wien-New York 1987.

47 Se toma inspiración de la legislazione austriaca sobre las reglas de técnica legislativa, reproducida en *Normative europee sulla tecnica legislativa*, introducción de V. Frosini, coordinado por R. Pagano, Roma 1988 (edición de la Cámara de diputados), 3-31. Tal legislación se inspira en la teoría de R. Walter, *Die Lehre von der Gesetzestechnik*, en *Oesterreich Juristen Zeitung*, 1963, 85 ss.; ver además Id., *Evoluzione e stato attuale della dottrina dell'interpretazione nella scienza giuridica austriaca*, en Liber Amicorum *en honor de Vittorio Frosini*, vol. II: *Studi giuridici*, Milán 1999, 313-346 (*ivi*, véase también H. Schaeffer, *Per una legislazione vicina al cittadino. Le vie per una legge migliore*, 261-292).

48 Véase actualmente la investigación comparada realizada en N. Lupo, L. Scaffardi (eds.), *Comparative Law in Legislative Drafting. The increasing importance of dialogue amongst Parliaments*, cit.; sobre la cual véanse las consideraciones

legislativa, se hace aquí referencia a la experiencia francesa, donde el *Conseil constitutionnel* llegó a configurar como principios de rango constitucional la claridad (Decisión 98-401 DC, de 10 de junio de 1998), la accesibilidad y la inteligibilidad (Decisión 2001-455 DC de 12 de enero de 2002) de la Ley, utilizando como parámetro el art. 34 Const. (para mayor claridad), y los arts. 4, 5, 6 y 16 de la Declaración de 1789 (para la accesibilidad y la inteligibilidad). También hay que señalar la decisión 2005-530 DC con la cual el Consejo anuló algunas normas debido a su inútil complejidad: «*l'égalité devant la loi énoncée par l'article 6 de la Déclaration des droits de l'homme et du citoyen de 1789 et "la garantie des droits" requise par son article 16 ne seraient pas effectives si les citoyen ne disposaient pas d'une connaissance suffisante des règles qui ler sont applicables et si ces règles présentaient une complexité inutile; - qu'il en irait de meme si ces règles présentaient une complexité excessive au regard de la capacité de leurs destinataires à en mesurer utilement la portée*». En este sentido, aunque con algunas salvedades igualmente a la luz de los principios constitucionales, existen también sentencias de la jurisprudencia española (TC, n. 212, de 1996) y la jurisprudencia austriaca (B1514/01)[49].

Entonces, en particular en lo que respecta a la circulación, en los países de la zona europea, de las reglas sobre la *better regulation*, sin duda parece significativo, como primer documento internacional sobre el tema, la *Recommendation of the Council on Improving the Quality of Government Regulation* de la OCDE/OECD de 9 de marzo de 1995, dirigida institucionalmente a los gobiernos y que contiene una *checklist* para el desarrollo del análisis de la evaluación previa de la reglamentación. Con el propósito de una valorización de la calidad de la ley, entendida sobre todo como la búsqueda de normas claras y limitadas en su alcance, para facilitar su aplicación, lo que impide la creación de distorsiones en el mercado y, más en general, sobre la tutela de los derechos fundamentales. Desde entonces, o bien desde la

de E. Örücü, *Comparisons and trans-frontier mobility of law: legal transplants in a comparative perspective*, cit.

49 Noticias y comentarios en P. Costanzo, *Il fondamento costituzionale della qualità della normazione (con referencias comparadas y de la UE)*, en *Studi in memoria di Giuseppe G. Floridia*, Nápoles 2009, 186 ss.

Recomendación OCDE/OECD (la cual fue sucedida por la del 2005: *Guiding Principles for Regulatory Quality and Performance*), ha habido muchas iniciativas para "legislar mejor" (como el título del informe anual de la Comisión al Consejo de la UE), tanto en el derecho europeo como en cada uno de los estados nacionales, incluida Italia[50]. La invitación, en la OCDE/OECD, pretende destacar que «*better regulation means to adopt regulations that meet concrete quality standards, avoids unnecessary regulatory burdens and effectively meet clear objectives*» que se declina, de acuerdo con documentos comunitarios, en la necesidad de crear un «*regulatory system [...] more effective, efficient and trasparent*»[51]

En resumen, una política europea dirigida también a los distintos estados nacionales totalmente encaminada a hacer lo que el gran Poeta hizo recitar a Justiniano: «dentro de las leyes borré lo de más y lo vano» (*Divina Commedia*, canto VI).

Y para tener "lo de más y lo vano" dentro de las leyes, y reducir así la inflación y la contaminación legislativa, secunda una propuesta antigua que mantiene su validez metodológica, y aquí queremos mencionar. En su libro, *Freedom and Law*[52], Bruno Leoni propone reestructurar el sistema de fuentes del Derecho valorizando las del tipo "hecho" en lugar de las del tipo "acto"; es decir, dejar un mayor margen de intervención a las convenciones, las costumbres, las prácticas, a las normas no escritas, re-

---

50 Para la exposición del derecho comunitario, ver A. Vedaschi, *Istituzioni europee e tecnica legislativa*; Milán 2001; L. Trucco, *Il* drafting *comunitario dal "prima" al "dopo" Lisbona*, en P. Costanzo (coordinado por), *La qualità della normazione nella dialettica Governo-Parlamento. Strumenti e tecniche nella XVI legislatura*, Nápoles 2011. Para el caso italiano, ver R. Pagano, *Introduzione alla legistica. L'arte di preparare le leggi*, Milán 2004; E. Albanesi, *Teoria e tecnica legislativa nel sistema costituzionale*, Nápoles 2013. Con relación a la criticidad del caso italiano: Oecd, *Better regulation in Europe: Italy 2012*, Oecd Publishing 2012 (sobre la misma ver M. Picchi, *La qualità della normazione in Italia secondo l'OCSE*, en *Osservatoriosullefonti.it*, n. 2, 2012).

51 Cfr. Oecd, *Overcoming Barries to Administrative Simplification Strategies: Giudance for Policy Makers*, 2009, 44; Comisión Europea, *Better Regulation for Growth and Jobs in the European Union*, COM(2005) 97 def.

52 B. Leoni, *Freedom and Law* (1961), ed. it., intr. de R. Cubeddu, IV rist., Macerata 2000: libro, como es sabido, publicado a comienzos de los años sesenta en USA y traducido en italiano tan solo a mediados de los años noventa.

duciendo el alcance de regulación de las normas acto escritas. Una vuelta hacia il sistema juríridico del *common law*, que debería entonces reestructurar el método de codificación de estilo romano-germánica del *civil law*. Una revolución liberal, por supuesto. Encaminada a ensanchar la libertad del individuo, a privilegiar el constitucionalismo de los derechos con respecto al constitucionalismo de los poderes. «En todos los ordenamientos políticos contemporáneos – afirma Leoni - existen muchas más legislaciones, muchas más decisiones colectivas, muchas más opciones rígidas, y mucho menos "leyes escritas sobre tablas vivas," mucho menos decisiones individuales, mucho menos opciones libres de cuanto fuese necesario para conservar la libertad individual de elección. [...] Pero estoy convencido -una vez más, afirma Leoni- que cuanto más logramos reducir la amplia area actualmente ocupada por las decisiones colectivas en la política y en el derecho, con toda la parafernalia de las elecciones, de la legislación y así sucesivamente, más vamos a ser capaces de establecer un estado de cosas similares a aquello que prevalece en el campo del lenguaje, el *common law*, el libre mercado, la moda, la costumbre, etc..., donde todas las decisiones individuales se adaptan recíprocamente y ninguna jamás es puesta en minoría»[53].

Existe otro dato que es necesario destacar: que el exceso de la legislación degrada y contrae el crecimiento económico, ya que obstaculiza la productividad y la capacidad negocial y de inversión. Demasiadas leyes, demasiadas reglas, vuelven complejo el inicio de una actividad comercial o empresarial. Varios estudios empíricos han demostrado que el sistema de *common law*, en cambio, es más eficaz para proteger a los inversores y acreedores. La *common law* está a favor de la estrategia de control social, que tiene como objetivo apoyar los resultados del mercado privado, mientras la *civil law* intenta sustituir tales resultados con atribuciones que respondan a los deseos del Estato: la *civil law* implementa las políticas, mientras la *common law* resuelve los conflictos[54]. Por lo

53 B. Leoni, *op. cit.*, 145. Sobre lo cual véase. T.E. Frosini, *Il costituzionalismo di Bruno Leoni*, en *Rass. Parl.*, n. 4, 2013.

54 Así R. La Porta, F. Lopez-de-Silanes, A. Shleifer, *The Economic Consequences of Legal Origins*, en *Journal of Economic Literature*, 46, 2008, 285 ss.

tanto, el exceso de codificación y reglamentación es un freno, un impedimento para el desarrollo económico, un *vulnus* a la libertad de iniciativa económica privada. Por la razón que demasiadas y vanas leyes castran la actividad empresarial, sofocan el libre desenvolvimiento del mercado como un orden espontáneo de las cosas. Descabalan el concepto del constitucionalismo como una técnica de libertad. El problema, entonces, radica en garantizar que el Estado no abuse de su poder: es por eso que es necesario controlarlo. O se escriben pocas normas esenciales, o se crean las condiciones para invocar las demandas, que imponen al Estado el uso del propio poder coercitivo, de manera que se respeten los derechos de la propiedad privada. Esta es la función crucial del *Rule of Law* en la economía: son los derechos de propiedad, aún más que los derechos humanos, los que son fundamentales.

5. Análisis y evaluación del "producto" legislativo

De la redacción del texto legislativo, y por ende del *drafting*, se pasa al análisis del impacto de la reglamentación. Es decir, se amplía la intervención sobre la calidad de la reglamentación, sin reservarlo tan solo al modo correcto de escribir las leyes, sino extendiéndola al análisis del impacto de las reglas sobre los destinatarios, desde el punto de vista de la simplificación y la economicidad. Se trata de una técnica importada a Europa desde los Estados Unidos, que fue introducida desde 1981, mediante el *executive order* n. 12291, la obligación de efectuar un *cost-benefit analysis* de las disposiciones más importantes de la *secundary legislation* adoptadas por las *federal executive agencies*, con el objetivo de racionalizar el proceso decisional, justificar la adopción o el mantenimiento de las regulaciones, valorizar la participación de los interesados. Después de los EE.UU., hay que señalar Gran Bretaña como el país que ha sabido valorizar el análisis económico de la regulación bajo forma de *compliance cost assessment*, limitada a los *statutatory instruments*, para luego tomar la forma de una verdadera *impact assessment* (nel 1998), extendida a toda la regulación de tipo gubernativa o parlamentaria al origen de un impacto previsible en las empresas y organizaciones del tercer sector, incluyendo las propuestas de las directivas comunitarias y las intervenciones de desregulación[55]. Por consiguiente, una *better regulation*, que se expresa como una técnica mediante la cual los actos normativos, o bien las reglas que surten efectos jurídicos y, por ende, no sólo la ley, deben probar, antes de su entrada en vigor, a no ser excesivamente onerosas para las personas físicas y jurídicas: es decir, para los ciudadanos, las empresas y la administración pública. Quien escribe y quien aprueba el acto regulativo, de hecho, debe verificar de manera previa, a través de un análisis adecuado de costos y beneficios de los efectos del acto en los diferentes planes sociales, normativos y económicos, que los beneficios que derivan del acto sean sean mayores que los costos . De esta manera, la aprobación del acto debe ser más ventajosa y preferible con respecto a otras decisiones, o soluciones. Se asume esta técnica de análisis del impacto regulatorio (AIR) cual modo mediante el que se pueden conocer las consecuencias producidas por las normas, porque se considera que esto sea «crucial no sólo para la comprensión de las normas en vigor, sino también para decidir cuáles normas convendría adoptar en el futuro»[56]. Incluso para no alimentar la incertidumbre del derecho, lo que genera costos económicos: en términos de contencioso judicial; en términos de recursos empleados por la administración pública para remediar las disfunciones que resultan de la aplicación de las normas jurídicas; en términos de difusión de la corrupción, que encuentra un terreno fértil en la incertidumbre de la ley que favorece el exceso de discrecionalidad de la administración pública y en consecuencia un uso arbitrario del derecho. Por otra parte, la incertidumbre del derecho -causada por la mala calidad de las leyes- frena, obstaculiza y desincentiva el crecimiento económico y las inversiones de las empresas nacionales, pero sobre todo extranjeras.

No quiero entrar en la actividad específica y, sobre todo, en los procedimientos del AIR, que requieren una programación a través de una "agenda regulatoria", cual apoyo a las herramientas funcionales para la búsqueda de la calidad de las reglas.

---

55 Cfr. M. De Benedetto, M. Martelli, N. Rangone, *La qualità delle regole*, Bolonia 2011, 68.

56 Así, D.D. Friedman, *L'ordine del diritto. Perché l'analisi economica può servire al diritto*, ed. it., Bolonia 2004, 25.

Existen *checklists* que marcan las etapas de la evaluación del impacto de la reglamentación mediante el análisis y constataciones normativas, financieras, socio-económicas del injerto regulatorio que se está llevando a cabo; con la promoción de consultas, que pueden ser reservadas (a los *stakeholders*), o abiertas a los ciudadanos, facilitando también la contribución de *lobbies*, las partes interesadas, de acuerdo con criterios de transparencia y la división de los resultados[57]. En pocas palabras, un *road map* enteramente finalizada para adquirir informaciones preliminares finalizadas a definir la disposición y seguir su instructoria. Esto, en resumen, el itinerario de la decisión regulatoria: a) las razones de la regulación; b) las necesidades económicas y sociales; c) objetivos de la regulación; d) la consulta de los destinatarios; e) decisiones regulatorias; f) evaluaciones de las opciones; g) justificaciones; h) los modos de aplicación; i) las modalidades de revisión[58]. Existen también, como se mencionó, las razones del análisis económico del derecho, y por ende si la medida es conveniente o poco rentable; si es útil o cara; ¿cuál es la relación entre costos y beneficios, y luego una evaluación de las normas no por lo que estas prescriben sino por la aplicación que se hace de ellas. Según una interpretación orientada económicamente[59].

Este es precisamente el punto que se quiere resaltar aquí. La ley, y más en general las reglas jurídicas, según se indicó anteriormente, van a redimensionar el interés hacia lo que es su capacidad prescriptiva en vez de exaltar su factibilidad, desde un punto de vista del *drafting* y, sobre todo, desde el punto de vista del impacto económicamente conforme a las finalidades y a los destinatarios de la disposición. Cambia, entonces, la actitud y el enfoque con respecto a la ley, a la regla. No es más un mensaje en general y en abstracto de una razón normativa que se aplica-

57 Sobre este punto, P.L. Petrillo, *Democrazie sotto pressione. Parlamenti e lobby nel diritto pubblico comparato*, Milán 2011, 340 ss.

58 Cfr. M. De Benedetto, M. Martelli, N. Rangone, cit., 113 ss.; ver además, A. Natalini y G. Tiberi (coordinado por), *La tela di Penelope. Primo Rapporto Astrid sulla semplificazione legislativa e burocratica*, Bolonia 2010; E. Albanesi, *Teoria e tecnica legislativa nel sistema costituzionale*, cit., 169 ss.

59 V. G. Napolitano y M. Abrescia, *Analisi economica del diritto pubblico*, Bolonia 2009, 190 ss.

ba a los hechos sociales, sino un "producto" para confeccionar bien, para exponer en la vitrina del derecho, para introducirlo en el mercado de las reglas, conociendo (o creyendo saber) el impacto que desplegará, los riesgos que evitará, las ventajas que producirá. La elección de la regla jurídica prescinde del lugar del derecho al cual pertenece la regla: el lugar del acto económico es anodino con respecto a la regla jurídica. Fue escrito que «la posibilidad de elegir la regla jurídica que se considere más adecuada permite articular la oferta y enriquecer de contenidos la dinámica competitiva»[60]. Aunque persuasiva, esta proposición es desconcertante: se tiene la impresión de asistir a un *revival* en términos liberistas, mucho más que liberales, de un uso alternativo del derecho. El derecho usado como un bien de consumo, como mercancía de intercambio; comprimido y rígido a causa de las ventajas económicas, bien sea incluso en nombre de una concurrencialidad concebida como "capaz de generar una carrera hacia la excelencia.".

6. Conclusiones (provisorias)

Comencé el presente escrito con dos preguntas: a) la legislación debe ser sometida al análisis comparado para permitir su mejoramiento? b) la ley tiene todavía su propio valor, en otras palabras su propia fuerza vinculante, en los estados de democracia constitucional? Ambas respuestas son afirmativas, aunque con diferente énfasis argumentativo. En la era de la llamada globalización la comparación tiene todavía seguramente su fundamento, y la legislación de los estados, si bien fragmentada en nuevas y diferentes fuentes, no puede y no debe ser privada de una confrontación constructiva con las legislaciones extranjeras. La comparación debe insistir en las diferencias, sin caer en las analogías condescendientes en nombre de un proceso unificador, que es improbable que suceda. Por lo tanto, no se puede legislar sin antes comparar; porque quien conoce un sólo derecho no conoce ningún derecho. Traté de explicar cómo y en cuál

60 Así, A. Zoppini, *La concorrenza tra gli ordinamenti giuridici*, en A. Zoppini (coordinado por), *La concorrenza tra ordinamenti giuridici*, Roma-Bari 2004 (sobre lo cual, véase mi análisis crítica en esta *Rivista*, n. 3, 2004).

etapa tiene lugar el procedimiento comparativo en el momento de la formulación legislativa. Lo anterior se aplica a las macro leyes, entendiendo por estas últimas, aquellas de alto contenido político, o ético, que evidencian modificaciones de la forma de Estado y de gobierno. El resultado de la originalidad y la exclusividad de estas leyes (como, por ejemplo, la ley electoral) es sin embargo el resultado de una comparación de las diferencias, que tiene en cuenta la diversidad de la estructura político-institucional de dicho ordenamiento. Una respuesta más articulata, si bien afirmativa, acerca del valor y la fuerza de la ley en los estados contemporáneos. Por supuesto, debilitada significativamente por la incapacidad para regular la complejidad de la realidad y las transformaciones continuas de los procesos sociales y tecnológicos. Y sustituida por ende en gran parte por otras formas de reglamentar, desde la *soft law* al derecho de los individuos. Pero la afasia y la apatía de la ley se debe también a su gramática agramatical, dicho en otras palabras a la mala redacción que conduce a la incomprensión, la ambigüedad, la vaguedad, la oscuridad y que amenaza la certeza del derecho, el equilibrio entre los poderes constitucionales, la eficiencia de la justicia, el respeto de la ley. Se necesita una higiene legislativa que ponga orden y limpieza, a través también, de la técnica legislativa, es decir, el *drafting* y por tanto el modo y el método para escribir bien y claras las leyes. Es necesario tener mayor cautela con respecto a las técnicas, recogidas bajo la fórmula atractiva de la *better regulation*, del análisis y la evaluación del impacto de la reglamentación, en el que se muestran demasiado influenciadas por la lógica económica y en consecuencia inspiradas en torno a una interpretación orientada economicamente, que corre el riesgo de reducir ley a un producto como si se tratara de un bien de consumo para introducir en el *free market* del ordenamiento jurídico global. Se corre el riesgo de ir más allá de los límites de la ley, reduciendo a hecho económico lo que debería permanecer un hecho jurídico, expresión de una voluntad política, aunque a través de la mediación de un grupo más o menos restringido, o de una "clase política"[61]. La

61 La referencia es, obviamente, para la teoría de Gaetano Mosca, sobre la cual ver *Teorica dei governi e governo parlamentare* (1884), nueva ed. coordinada por R. De Mattei, Milán 1968, 11: «todo lo que en el Gobierno es parte dispositiva,

naturaleza de la abstracción y la generalidad debería continuar a prevalecer con respecto a una presunta homologación económica, y en un futuro «de dispositivos, mecánicos, electrónicos, o biológicos»[62]. Más allá de éstas (amargas) reflexiones finales, queda el hecho que la circulación de la legislación sobre la base de la comparación, actualmente se reconoce sobre todo en prevalencia de las técnicas relacionadas con la calidad de la ley y la *better regulation*. Una mejor regulación y de consecuencia escribir (y aprobar) las leyes de una manera clara y sencilla, atañe también a la calidad de la democracia, y de este modo fortalece el contrato social entre gobernantes y gobernados. Decía Giorgio Federico Hegel, que no hay democracia si las leyes se encuentran tan alto que no pueden ser leídas[63].

---

ejercicio de la autoridad, e implica control y responsabiliad, es siempre la atribución de una clase especial [...] que llamaremos clase política».

62 Sugiere esta hipótesis, P.G. Monateri, *Il governo della legge. Sovranità e governo del mondo*, cit., 148.

63 G.F. Hegel, *Lineamenti di filosofia del diritto*, ed. it., Bari, 1965, p. III, par. 215, 188.

Democracia directa y forma de gobierno

1. El principio de la soberanía popular no puede realizarse y conformarse únicamente por el *médium* del mecanismo representativo, es decir, esa forma de ejercicio de soberanía popular que se traduce en la función electoral, al igual que en el caso que, como ya habíamos visto, se acaba privilegiando sólo a la soberanía popular en el momento en que se estructura sobre la base del principio mayoritario, por lo tanto incidiendo sobre la forma de gobierno. Resulta muy interesante lo afirmado en el art. 39 de la Constitución de los Estados Unidos Mexicanos: "La soberanía nacional reside esencial y originariamente en el pueblo. Todo poder público dimana del pueblo y se instituye para beneficio de éste. El pueblo tiene en todo tiempo el inalienable derecho de alterar o modificar la forma de gobierno".

Por otra parte, el ejercicio de la soberanía nacional se efectúa para el trámite del referéndum; de hecho, el referéndum sirve para designar un conjunto de procedimientos que ofrecen una expresión directa al ejercicio de la soberanía que permiten al cuerpo refrendario establecer en primera persona las reglas que, bajo forma de órdenes o prohibiciones, se imponen a la autoridad pública. Vamos a enfocar nuestra atención sobre este problema, aunque limitándonos solo a la cuestión que se refiere al nexo entre soberanía popular y referéndum; excluyendo, por lo tanto, el examen concerniente a la naturaleza del referéndum (y sus consecuencias sobre la organización de la forma de gobierno) sobre el plano de su ubicación en el sistema de las fuentes del derecho.

2. Un dato difícilmente incontrovertible es que el referéndum se haya convertido hoy en un elemento estructural en el edifico de la democracia contemporánea. Y lo es precisamente con respecto a la necesidad (siempre más advertida en las democracias liberales) de ampliar de manera notable los espacios de participación popular en señal de una valorización del principio de la soberanía y por lo tanto ejercitable al interior de los confines constitucionales. El tema de la discusión, que surgió a inicios de

la década de los treinta, sobre la compatibilidad entre el referéndum y el régimen parlamentario hizo que emergiera, de manera histórica, una posición triunfante, que es la de Raymond Carré de Malberg, defensor de la idea de que no hubiese contradicción entre el referéndum y la idea de representación que se encuentra en la base del parlamentarismo, desde el momento en que la introducción del referéndum en el tejido parlamentario no suprimiría ni el papel ni mucho menos el poder del Parlamento, sino que más bien limitaría tan sólo este poder para así evitar que éste degenerara en asambleísmo y produjera una situación de oligarquía. En cambio, Carré de Malberg sostenía lo mismo, como es sabido, que es justo en los principios innatos de la lógica de las instituciones parlamentarias y en la ***ratio*** histórica sobre los cuales se fundó la afirmación de la primacía del Parlamento, que el fundamento y la legitimación se encuentran en forma de intervención popular directa, en cuanto a que éstos permiten al pueblo ejecutar su función soberana y así expresar la voluntad general. Ciertamente, la referencia a un debate lejano (aunque muy significativo) sufre un poco del paso del tiempo: ya no se trata de justificar la presencia de la figura del referéndum (legislativo y /o abrogatorio) en las formas de gobierno parlamentario, más bien se trata de afirmar que el principio de la soberanía popular debe expresarse necesariamente en algunas formas significativas que den al pueblo-cuerpo electoral la posibilidad concreta de participar de manera activa en la adopción de la elecciones a través de las cuales se determina la política nacional. De hecho, el único modo para escapar a derivas plebiscitarias es el de concebir el referéndum como una de las formas a través de las cuales en muchos órdenes democráticos el pueblo ejercita la soberanía de la cual es titular junto a (y no sobre de) otras formas de ejercicio, como la elección de titulares de órganos representativos, la organización en los partidos políticos y la participación en los procedimientos de toma de decisiones.

Cabe aclarar: El referéndum no es de ninguna manera un método de deliberación sustituyente del método representativo; es, en cambio, integrador. Entra en la lógica de los ***checks and balances,*** de los frenos y contrapesos, que caracterizan a las constituciones de las democracias liberales; viene a ubicarse en el sistema de la separación de poderes en cuanto a que él mismo es un "poder" en grado de detener a otro poder, con la posibilidad de presentar, por la virtualidad del control inherente a su propia existencia, un obstáculo eficaz contra la posible preponderancia de los partidos instalados en el mecanismo representativo y en el dominio de la mayoría parlamentaria y del gobierno. Y esto, según nosotros, vale también en los sistemas de democracia mayoritaria: donde las minorías, es decir, quien está en la oposición (pero no necesariamente sólo estos "sujetos"), puedan utilizar, en situaciones de ***impasse*** radical, el referéndum como un instrumento constitucional de iniciativa política para defender aquellos derechos y libertades que se pueden violar a través de algunas decisiones de la mayoría del Gobierno.

Así es también como la vieja discusión sobre la (aparentemente) clara contraposición entre la democracia representativa y la democracia directa necesita una nueva reformulación en términos más actuales. Pensamos, de hecho, que ya no es posible razonar en términos de alternancia entre los dos sistemas de democracia: como una especie de ***aut-aut,*** o sea que cuando está uno no puede estar el otro y viceversa. Se trata, entonces, de dos sistemas que necesariamente deben integrarse de manera recíproca: destruyendo el anterior enfoque podremos decir que donde está uno debe estar también el otro (y es mejor que así sea); y ambos deben convivir sin que uno prevalezca sobre el otro: es sobre todo la tarea de las constituciones contemporáneas saber dosificar un balance justo entre los dos, a fin de que se pueda crear un equilibrio armonioso que tome en cuenta tanto la voluntad parlamentaria, como la voluntad popular, donde esta última puede fungir de manera esencial como un control o bien como estímulo sobre la primera. Parece que la experiencia del referéndum abrogatorio italiano puede confirmar esta tesis.

3. Aquí no queremos recordar de nuevo todo el recorrido tortuoso sobre el cual se ha encaminado lentamente el referéndum abrogatorio del ordenamiento italiano. Las tesis, que se basaban en la doctrina (mayoritaria) sobre las funciones que ha tenido que desarrollar el referéndum en nuestra democracia parlamentaria, eran sobre todo tesis para valorizar la eventual fuerza plebiscitaria contenida en la figura. Se consideraba al referéndum

sobre todo como un mecanismo que se tenía que activar como verificación de la coherencia entre representantes y representados, y como control de la correspondencia entre las elecciones del cuerpo electoral y su traducción en términos legislativos. Y en ese sentido, por lo menos al inicio, el referéndum pudo operar, sobre todo en materia de derechos civiles.

Todos los que han contribuido a los partidos el uso del referéndum, esto es, como libre "recurso" a disposición de los partidos, no se han equivocado en el análisis: también han terminado dando una interpretación estrechamente relacionada a las suertes electorales (en prevalencia) de un partido político en consecuencia a sus iniciativas refrendarias continuas. El "momento crucial", si así se le puede decir, llegó en 1993: cuando se promovió un referéndum sobre la ley electoral del Senado (por iniciativa de un movimiento transversal que iba más allá de los partidos únicamente). Tal referéndum le dio un nuevo rostro a la figura. Sin querer recurrir a la tesis sugestiva de quien quiso ver en ese referéndum el "vehículo de aparición del poder constituyente", parece, más bien, que el referéndum sobre la ley electoral permitió expandir los confines de la soberanía popular, sin que con esto sobresaliera del texto constitucional. Por lo tanto, a nuestra opinión, en este caso específico la referencia al "poder constituyente" no debe tomarse de manera literal, según la concesión tradicional; sino como "poder constituyente" que interviene a nivel de constitución material, en grado de incidir entonces sobre la constitución material y no precisamente en la formal. Sin embargo, el sistema electoral se reglamenta con la ley ordinaria, por lo tanto, interactúa sobre un nivel de fuentes del derecho subordinadas a la Constitución; ciertamente, ello tiene sin excepción una recaída sobre la organización de la forma de gobierno, pero no de igual manera sobre el texto (literal) de la Constitución: no modifica de manera formal la forma de gobierno (que continúa siendo parlamentaria) sino que recompone la estructura de las relaciones logrando crear una especie de dialéctica institucional entre el cuerpo electoral, el Parlamento y el Gobierno.

4. Dijimos que el referéndum sirve para designar un conjunto de procedimientos que ofrecen una expresión directa de la soberanía popular: esto significa que para que el pueblo-cuer-

po electoral pueda expresar directamente la propia soberanía a través del referéndum también debe poner en movimiento un "conjunto de procedimientos", es decir, que debe hacerse promotor del procedimiento refrendario y, en caso de que esto sea en la forma o en la sustancia conforme a la Constitución, debe entonces volverse protagonista, a través del voto, de la decisión que está asumiendo. Así funciona en Italia el referéndum abrogatorio: por lo menos medio millón de electores (o cinco concejos regionales), promueven, a través del sistema de firmas, una petición de referéndum para abrogar una ley o parte de ella, y después del control operado por los órganos competentes (Oficina central en el Tribunal de Casación o en la Corte Constitucional) se pronuncian en su mayoría en contra o a favor de la abrogación de una ley. Se trata, pues, de un proceso dinámico que parte de una representación limitada del cuerpo electoral (los que firman la petición) de la cual un comité promotor adecuado se vuelve intérprete y custodio, para poder concluir con el voto final, que tendrá resultados positivos o negativos. En este proceso, ya sea en el momento del ***input*** (aún de manera reducida) o sobre todo en el del ***output,*** el autor principal sigue siendo el pueblo-cuerpo electoral; es más bien en el paso que se encuentra entra la petición y el voto que pueden intervenir algunos órganos, con efectos represivos respecto a la acción popular: puede ser la Corte Constitucional con las sentencias de inadmisibilidad o puede ser el Parlamento con la aprobación de una nueva ley que reformule la misma ley que fue objeto de petición refrendaria. Sin embargo, resta el hecho de que la iniciativa refrendaria parte de abajo, o sea, del cuerpo electoral.

5. Esto mismo no sucede en Francia: No obstante, la Constitución Francesa de la Quinta República afirma en términos categóricos en el art. 3 que: "La soberanía nacional pertenece al pueblo que la ejercita por medio de sus representantes y mediante ***referéndum",*** atribuyendo a esta figura un significado y un valor coexistencial al ejercicio de la soberanía popular; sin embargo, el pueblo-cuerpo termina ejerciendo su soberanía mediante el referéndum tan solo al momento del voto, en la fase del ***output,*** en vez de hacerlo durante la fase de la petición y por lo tanto, del ***input.***

De hecho, come es sabido, el art. 11 de la Constitución Francesa atribuye sólo al Presidente de la República, ya sea "sobre propuesta del gobierno durante las sesiones, o sobre propuesta de las dos Asambleas, publicada en el ***Journal officiel,*** la tarea de someter a referéndum cualquier proyecto de ley concerniente a la organización de los poderes públicos, que conlleve la aprobación de un acuerdo entre las Comunidades o que tienda a autorizar la ratificación de un tratado que, sin ser contrario a la Constitución, pudiese tener incidencia en el funcionamiento de las instituciones".

Sin ánimos de estar recordando (algo que se les da a los estudiosos) la importancia que el ***referéndum ex*** art. 11 ha desarrollado con fines del completamiento de la Constitución de la V República acentuando la impronta semipresidencial, lo que queda como evidencia es que en caso de que un referéndum nazca por voluntad de un único sujeto, ello termina, inevitablemente asumiendo tratos plebiscitarios más que libres manifestaciones de la soberanía popular. En efecto, el cuerpo electoral se encuentra siendo llamado a pronunciarse sobre un texto de ley sobre el cual no ha surgido una petición explícita de pronunciamiento (ni siquiera por el trámite de una "porción" del cuerpo electoral, como puede considerarse a ese medio millón de electores que en el ordenamiento italiano firman por la presentación de un problema refrendario); entonces, el referéndum termina perdiendo la característica de ser una figura que se forma con el fin de nacer como manifestación de la voluntad popular; ya no es una petición que viene de abajo, sino que la imponen desde arriba; por lo que el resultado del referéndum tendrá de todos modos incidencia en la ley (en el sentido positivo o negativo), pero sobre todo tendrá una mayor incidencia en la "capacidad política" de la persona que quiso el referéndum. En particular, en el caso francés, sobre el presidente de la República, el cual, por el trámite del referéndum, termina desarrollando un papel de protagonista político- institucional y buscando en la relación directa con el pueblo-cuerpo electoral, una confirmación de su legitimación.

De hecho, el referéndum francés, desde el momento en que el poder de iniciativa no se le reconoce al pueblo sino sólo al presidente, constituye un instrumento que contribuye a delinear una posición de supremacía de tal órgano que no es necesariamente compatible con la forma de gobierno semipresidencial: el recurso del referéndum, bajo este aspecto en particular, se configura como un procedimiento del cual el presidente se sirve para depositar la "cuestión de la confianza" sobre su persona delante al cuerpo electoral.

La postura de De Gaulle, con el referéndum del 27 de abril de 1969, es, en ciertos puntos iluminante justo sobre este aspecto en particular: fue tal voto (negativo) que obligó al presidente a presentar las dimisiones, ya que, a su criterio, se trató de un voto contra su persona y por lo tanto representaba la rescisión definitiva de un tipo de contrato que Francia había firmado con él. Es verdad que otros presidentes, ya sea Pompidou en 1972 o Miterrand en 1992, al promover el referéndum no sólo vieron un voto para su persona, sino más bien un reforzamiento indirecto a su autoridad por medio de un consenso popular sobre las políticas de las cuales pedían la aprobación. Por eso es que no se puede no reconocer que el referéndum en Francia accionó también ese instrumento para la legitimación de una decisión, como un arma de minoría y con fines a la recomposición de las coaliciones políticas. No obstante, falta el hecho de que la promoción del referéndum no es de competencia popular, más bien es una atribución discrecional de un único sujeto, el cual, aunque es "intérprete" de las exigencias que nacen dentro de la sociedad, termina maniobrando para su propia ventaja la institución del referéndum.

6. Otra cuestión, que se discutirá (y se profundizará en el texto final) es aquella concerniente a las "nuevas" formas de democracia directa y su incidencia sobre la forma de gobierno. Me refiero a la democracia deliberativa y a la democracia participativa. Es como abrir los procesos públicos de decisión a los más diversos niveles de gobierno, a todos aquellos que estén interesados.

La democracia participativa (v. p. ej. la experiencia de Puerto Alegre) se puede expresar a través de: 1) procedimientos de equilibrio participado, para desarrollarse a nivel local; 2) sondeos deliberativos; 3) encuestas públicas, y 4) debates públicos.

La democracia participativa es un relacionamiento de la sociedad con las instituciones, a través de los siguientes elementos distintivos: 1) todas las formas de democracia participativa dan vida a técnicas directas para permitir que todos aquellos que estén interesados en una decisión pública se les consulte y expresen una posición propia, y 2) el efecto de la participación no es el de transferir el poder de las decisiones finales al mando de los participantes.

Mientras a lo que concierne a la democracia deliberativa, el objetivo es el de dar facultades de expresión a una voz del pueblo que vale la pena escuchar, una vez garantizados los instrumentos necesarios para la formación de una opinión consciente e informada.

Otras cuestiones que se expondrán en la relación (y se profundizarán en el texto final) conciernen a otras instituciones de democracia directa y su interacción con la forma de gobierno. Aquí sólo me limitaré a enlistarlas: 1) el ***recall,*** o sea la revocación del mandato a los electos; 2) la ***e- democracy,*** y por lo tanto a los adeptos a la democracia electrónica, es decir, la contribución del instrumento electrónico para fines de adopción de decisiones públicas.

El Estado de Derecho se ha detenido en Guantánamo*

SUMARIO:

---

* Publicado en *Revista Española de Derecho Constitucional*, n. 76, 2006. Traducido del italiano por Yolanda Gómez Lugo.

1. El escenario

Al verla sobre el mapa la provincia de Guantánamo, situada allá en el extremo sur de la isla de Cuba, despierta curiosidad y atracción; rodeada por el mar Caribe, con Haití a la espalda, Jamaica a la izquierda y enfrente, toda la isla de Cuba, que se extiende comenzando desde la antigua y bellísima ciudad de Santiago de Cuba. Pues bien, esta lengua de tierra de nombre exótico, que se imagina como una especie de *buen retiro* donde gozar de las bellezas naturales, se ha hecho famosa hoy porque en su interior se encuentra la *Guantánamo Bay*, la bahía de Guantánamo, ocupada por un presidio militar estadounidense y transformada en prisión para terroristas, para los *enemy aliens* del mundo americano.

Del supuesto de Guantánamo, desde diferentes perfiles jurídicos, comenzando por el trato reservado a los terroristas (o sospechosos de tales) por vulneración de los principios del Estado de Derecho y concluyendo con las sentencias del Tribunal Supremo que han reestablecido (buena parte de) aquellos principios vulnerados, parte la trayectoria de derecho constitucional que afrontaremos en este escrito. Hay que decir que a través del examen del caso de Guantánamo es posible considerar hasta qué punto un poder del Estado, o en este caso, el Ejecutivo, puede intervenir sobre la esfera de los derechos subjetivos en razón de un fin superior, como la seguridad nacional; cuáles sean los instrumentos en posesión de los individuos para reivindicar sus derechos y cuáles los mecanismos de equilibrio y las posibilidades de reequilibrar el sistema. Por tanto, este supuesto viene a explicar las dinámicas institucionales que actúan en un sistema democrático consolidado como el estadounidense, y además, permite determinar los instrumentos arbitrados por el ordenamiento para protegerse a sí mismo[1].

---

1 V. T.E. FROSINI y C. BASSU, *La libertà personale nell'emergenza costituzionale*, en el vol. *Democrazie prottete dalla democrazia*, dirigido por A. Di Giovine, To-

Previamente, sin embargo, hay en el fondo una cuestión que es afrontada y resuelta, y es la siguiente: ¿cómo es posible que en la tierra de Cuba, que es una de las últimas vanguardias del socialismo real, siempre enfrentada con Estados Unidos de América, se encuentre un campamento del ejército americano con base naval y, además, una prisión que los americanos utilizan para encarcelar a (sospechosos) terroristas? Es necesario remontarse a 1903, año en que el Presidente de Cuba y el de los Estados Unidos de América firmaron y ratificaron un doble "Acuerdo entre los Estados Unidos y Cuba para el arrendamiento de bases navales o para el abastecimiento de carbón"[2]. El Acuerdo fue el resultado de la ayuda que Estados Unidas había ofrecido a los cubanos durante la guerra para su independencia frente a España en 1898, y que después tuvo su reconocimiento jurídico, principalmente constitucional; en efecto, la Constitución de Cuba, promulgada el 20 de mayo de 1902, preveía en su Apéndice la denominada "Enmienda Platt", que en el art. VII establecía «Que para poner en condiciones a los Estados Unidos de mantener la independencia de Cuba y proteger al pueblo de la misma, así como para su propia defensa, el Gobierno de Cuba venderá o arrendará a los Estados Unidos las tierras necesarias para el abastecimiento del carbón o bases navales en ciertos puntos determinados que se convendrán con el Presidente de los Estados Unidos». Entre estos terrenos, un área delimitada (v. art. I del primer Acuerdo) de Guantánamo, que fue recibida en alquiler por Estados Unidos por la suma anual de 2000 dólares en monedas de oro estadounidense (v. art. I del segundo Acuerdo); actualmente, equivalente a cerca de 4085 dólares. El Acuerdo prevé que «Los Estados Unidos reconocen la continuidad de la soberanía última de la República de Cuba sobre las zonas terrestres y marítimas precedentemente descritas, pero la República de Cuba permite a los Estados Unidos, para todo el periodo en que ocuparán las mencionadas áreas

---

rino, Giappichelli, 2005, 75-102, del cual el presente estudio recoge muchos argumentos.

2 V. ambos Acuerdos, el primero, firmado en febrero de 1903 y el segundo, firmado y después ratificado en octubre de 1903, en apéndice al vol. M. RATNER y E. RAY, *Prigionieri di Guantánamo. Quello che il mondo deve sapere*, tr. it., San Lázaro di Savena, Nuovi Mondi Media, 2005, 149-154.

en el sentido de este acuerdo, ejercitar la jurisdicción completa y el control sobre éstas ("*complete jurisdiction and control*")» (cfr. art. III del primer Acuerdo). Se trata de un aspecto significativo: la soberanía última de la bahía de Guantánamo corresponde a Cuba, pero la jurisdicción plena y el control total sobre la misma quedan reservados a los Estados Unidos. Sin embargo, la atribución de la denominada "soberanía última" ("*ultime supremacy*") a Cuba, según la interpretación auténtica del Gobierno estadounidense, sería considerada de este modo: «la soberanía cubana se encuentra suspendida en el curso de nuestra ocupación, desde el momento en que a nosotros corresponde el pleno ejercicio de la jurisdicción y del control sobre el territorio, pero en el supuesto de que se decidiera poner fin a tal ocupación, el área retornaría a Cuba, que ejercita la soberanía última»[3].

Está claro que a partir de 1959, año de la revolución castrista, el Gobierno de Cuba quisiera apartarse claramente del acuerdo (y desde aquel año, efectivamente, rechaza cobrar el dinero del alquiler); pero no puede hacerlo sin el consentimiento de los Estados Unidos, como prevé el Tratado entre USA y Cuba de 29 de mayo de 1934[4]. Ahora bien, hay que señalar que según el Acuerdo (art. II del primer Acuerdo), Estados Unidos ha utilizado la bahía de Guantánamo únicamente «como sede de bases navales o para el abastecimiento de carbón y para ningún otro fin»; en cambio, la base ha sido utilizada para otras finalidades, ayer, como campo de agrupación de prófugos haitianos y cubanos (en 1994 se contaban 45.000), hoy, como cárcel de máxima seguridad.

---

3 Véase el comunicado expedido por el Gobierno estadounidense en el cual se precisan los términos del *Lease Agreement* con Cuba: *Public Affairs Staff, U.S. Naval Statio, Guantanamo Bay The History of Guantanamo Bay*, vol.I, cap.3 página web: www.nsgtmo.navy.mil/gazette/History 98-64/hischp3.htm.

4 Sin embargo, debemos recordar que en febrero de 1964 Fidel Castro procedió a cortar los conductos de agua que, desde el interior de la isla de Cuba, garantizaban el suministro cotidiano a la base americana. Desde entonces, el ejército americano provee con sus propias estructuras de acumulación, transporte y desalación para el suministro diario de catorce millones de agua y ochocientos kilowatios de energía.

2. LA TRAYECTORIA JURÍDICA QUE LLEVA A GUANTÁNAMO

El punto de partida se encuentra en aquel terrible 11 de septiembre de 2001, día en que los Estados Unidos - ciudad de Nueva York, Manhattan - sufrieron el ataque terrorista en las *Twin Towers* y el Pentágono, con el sacrificio de miles de vidas humanas. Aquella masacre, aquel acto de guerra, que ha provocado muerte y destrucción es fruto de un terrorismo internacional, que se caracteriza por la dimensión supranacional de la organización, por el hecho de estar operativo en todo el planeta y por su objetivo de querer atacar «el mundo occidental y sus valores». Afirmaciones cumplidas, pero que está bien recordar para no olvidar.

A continuación de los atentados del 11 de septiembre, que fueron reivindicados por la organización terrorista "Al Qaeda", Estados Unidos pone en marcha una expedición militar en Afganistán con el objetivo de debilitar al régimen talibán, reo de haber ofrecido apoyo y hospitalidad al *leader* de "Al Qaeda", Osama Bin Laden, y sus secuaces. Durante el curso del conflicto armado centenares de personas, retenidas directa o indirectamente implicadas en el *network* internacional del terror, han sido hechas prisioneros por las fuerzas estadounidenses y retenidas en la cárcel americana de máxima seguridad. El primer vuelo, procedente de Afganistán con centenares de prisioneros, mejor, *detainees*, detenidos en espera, aterriza en Guantánamo el 11 de enero de 2002[5].

En primer lugar, ¿por qué Guantánamo? Es muy probable que sobre la elección de este destino haya jugado un peso determinante el hecho de que la Administración estadounidense considerase este lugar apartado de la jurisdicción de los tribunales estadounidenses, y, por tanto, excluyese a los prisioneros del circuito de las garantías del derecho doméstico y también del internacional. Por tanto, «*d'une relégation in dans no man's land juridique*»[6]. Pero sobre este punto específico volveremos más adelante.

5 Cfr. C. BONINI, *Guantanamo. USA, viaggio nella prigione del terrore*, Torino, 2004, 71; a este libro reenviamos para un interesante y detallado *reportage* periodístico sobre la cárcel y sus reclusos de Guantánamo.

6 Así, P. WECKEL, *Le statut incertain des detenus sur la base américaine de Guantanamo*, en *Revue general de droit international publique*, 2002, 357.

Y además, al contrario sobre todo ¿en virtud de qué medida existen prisioneros en Guantánamo? En virtud de una ordenanza militar del Presidente (*Presidential Military Order*) sobre la «Detención, trato y procedimiento respecto a algunos no-ciudadanos en la Guerra contra el Terrorismo»[7], aprobada el 13 de noviembre de 2001 por el Presidente George W.Bush. Sin embargo, hay que recordar que dos meses antes, exactamente cuatro días después de los atentados, el Congreso había aprobado la Resolución Conjunta de «Autorización para el uso de la fuerza militar», que autoriza al Presidente «a recurrir a cualquier medio que sea necesario y útil con el fin de obstaculizar a todas aquellas naciones, organizaciones o personas, que él considere que han planificado, autorizado o favorecido los ataques terroristas del 11 de septiembre de 2001»[8]. De este modo se delega al Ejecutivo la gestión del estado de emergencia, que viene declarado con la *Declaration of National Emergency by Reason of certain terrorist Attacks* (Proc. 7463, 14 septiembre 2001) y que comporta, entre las muchas medidas extraordinarias previstas para proteger la seguridad nacional, la posibilidad de actuar vulnerando el sistema ordinario de garantías jurisdiccionales[9]. Efectivamente, aquellas surgidas como medidas de emergencia se consolidan para convertirse después en costumbre habitual, estableciendo un clima de incertidumbre y la reiteración de intervenciones fuertemente represivas de libertades individuales[10]. No se trata de una novedad en la historia

7 *Presidential Military Order: Detention, Treatment and Trial of Certain Non-Citizens in the War Against Terrorism* (de ahora en adelante *Presidential Military Order*), 66 Fed.Reg.57, 833, 13 noviembre 2001 (existe una traducción italiana de este documento en apéndice al vol. de C. BONINI, *op. cit.*, 145-150).

8 *Authorization for the Use of Military force, S.J. Resolution 23, 107th Congress, Statue 224,* 2001; esta *Resolution* se basa en la *section* 5(b) de la *War Power Resolution*, de 5 de noviembre de 1973, página web: www.yale.edu/lawweb/avalon/warpower.htm

9 En este sentido, v. R. DWORKIN, *Terror and the Attack on Civil Liberties*, en *The New York Review* de 9 de noviembre de 2003, 15-17. V. además, D. COLE y J.X. DEMPESEY, *Terrorism and Constitution. Sacrificing Civil Liberties in the Name of National Security*, New York, 2002; R.C. LEONE y G. ANRIG JR., *The war on Our Freedom: Civil Liberties in a Age of Terrorism*, Washington, 2003.

10 Sobre este punto, v. R. MURPHY, *Prisoner of War Status and the Question of the Guantanamo Bay Detainess*, en *Human Rights Law Review*, vol. 3, n. 2, 2003,

americana. Como recuerda Alan M. Dershowitz, «no existe derecho que no haya sido suspendido o pisoteado durante periodos de crisis y de guerra, también por nuestros más grandes Presidentes»[11]. En efecto, George Washington fue un convencido defensor de los *Alien and Sedition Acts*; Abraham Lincoln suspendió el derecho de *habeas corpus*; Woodrow Wilson autorizó los *Palmer raids*, durante los cuales su Fiscal General secuestró, arrestó y encarceló miles de presuntos subversivos vulnerando sus derechos; y después, concretamente, Franklin Delano Roosevelt ordenó la detención de otros cien mil americanos de descendencia japonesa sin que hubiera un proceso justo e instituyó un tribunal militar para procesar, sin jurado, a un ciudadano americano sorprendido mientras desarrollaba actividades de espionaje a favor de Alemania en Estados Unidos.

Por cuanto se refiere a la ordenanza militar de 13 de noviembre, ésta parece breve y esencial; compuesta por ocho secciones, se ha hecho necesaria, como se lee en la letra g) del Preámbulo de la Sección I, para lograr «una extraordinaria emergencia a los fines de la defensa nacional, [y] que esta emergencia representa un urgente e interés inaplazable del Gobierno».

Algunas observaciones breves sobre esta ordenanza. En primer lugar, una de carácter general; esta medida incluye en sí, vulnerando así el principio de separación de poderes, las actividades reservadas, bien al poder legislativo - en cuanto se instituye como órgano judicial e introduce normas procesales penales y modificadas para el caso en cuestión –, bien al Poder Ejecutivo –relativas a la disciplina y nombramiento de los nuevos órganos judiciales–, bien al Poder Judicial - visto y considerado que se reserva la función de órgano de última instancia en el procedi-

---

193-303; A.M. SLAUGTHER y W. BURKE-WHITE, *An international Constitutional Moment*, en *Harvard International Law Journal*, vol. 43, n. 1, 2002, 2-21; H. HONGDJU KOH, *The Spirit of the Laws*, *ivi*, 40-87; D. ABRAMOWITZ, *The President, the Congress, and the Use of Force Against International Terrorism*, *ivi*, 112-198. En la doctrina italiana, en clave comparatística, v. el reciente volumen de A. BENAZZO, *L'emergenza nel conflitto fra libertà e sicurezza*, Turín, 2004, 111 ss. (con particular referencia al fenómeno estadounidense).

11 Cfr. A.M. DERSHOWITZ, *Rights From Wrongs. A secular Theory of the Origin of Rights*, New York, 2004.

miento judicial contra los prisioneros. Está claro que, en este punto, los riesgos para el mantenimiento de las garantías que presiden las libertades personales son muy elevados, en la medida en que falta toda forma de *checks and balances*. Por lo que se refiere a las demás consideraciones sobre la ordenanza, hay que decir que ésta se aplica a aquella categoría de individuos «no ciudadanos de los Estados Unidos», que se determina «caso por caso» por el Presidente de los Estados Unidos y en relación a los cuales existan razones para considerar que sea o haya sido: *a)* miembro de la organización "Al Qaeda"; *b)* haya formado parte, ayudado, mantenido o proyectado cometer actos o acciones de terrorismo internacional que hayan provocado, o corra el riesgo provocar daños o efectos nocivos en los Estados Unidos a sus ciudadanos, la seguridad nacional, la política exterior, la economía; *c)* haya ofrecido refugio conscientemente o se haya convertido en cómplice de uno o varios individuos de los referidos en las letras *a)* y *b)*. Estos individuos son considerados como los *enemy aliens*[12], o mejor, como *enemy combatants* (enemigos combatientes); una definición *jolly*, por así decirlo, a la que no son de aplicación el *status* y derechos previstos por el derecho nacional e internacional. Existe un precedente: la calificación de *enemy combatants*había sido justificada con anterioridad en 1942, en una decisión en la cual el Tribunal Supremo, llamado a controlar la legitimidad en un proceso especial frente a "Comisiones militares" contra algunos saboteadores alemanes, se declaró incompetente para juzgar a los prisioneros de guerra, quienes sin embargo no podían ser reconocidos tales, y por ello, fue acuñada la definición inédita de *enemy combatants*[13]. Esta calificación fue adoptada después durante la Segunda Guerra Mundial en relación con ciudadanos japoneses residentes en los Estados Unidos, que fueron privados de la libertad personal durante todo el conflicto, en razón de su

12 D. COLE, *Enemy Aliens: Double Standards and Constitutional Freedoms in the War on Terrorism*, New York, 2003.

13 Cfr. *Ex Parte Quirin*, 317 U.S. 1 (1942): ocho saboteadores nazis fueron capturados en New York, procesados por una comisión militar instituida por el Presidente Roosevelt y condenados a muerte.

supuesta infidelidad a la Constitución americana; acusación esta, que posteriormente se demostró infundada[14].

La ordenanza militar del Presidente disponía, pues, que los "enemigos combatientes" recibieran un «*human and non-discriminatory treatment*» y que, en el caso de que fueran sometidos a procedimiento, entonces fueran juzgados por tribunales militares especiales por violación de las leyes de guerra. De este modo, fueron creados las Comisiones militares especiales, situadas fuera del cauce ordinario de la Justicia, para las cuales se dispone «la no aplicabilidad de los principios de ley y las reglas de valoración de la prueba vigentes generalmente en los procesos penales celebrados en los tribunales de distritos de Estados Unidos». La ordenanza militar del Presidente, reforzada y detallada, además, por una serie de ordenanzas e instrucciones del Departamento de Defensa[15], ordena la organización de procesos que tengan lugar frente a Comisiones Militares creadas expresamente y compuestas de tres a siete oficiales designados por una *Appointing Authority* especial del Departamento de Defensa[16]. Sin embargo,

---

14 Mucho más tarde, en 1988, el Congreso pidió perdón públicamente a los descendientes de los deportados, estableciendo una indemnización de reparación por el daño sufrido. El 10 de agosto de 1988, efectivamente, el Presidente Ronald Reagan firma el *Civil Liberties Act* (*Public Law*, 100-383), con el que establece para cada veterano de los campos de internamiento un resarcimiento ejemplar de 20.000 dólares para cada uno de los ochenta mil sobrevivientes. Véase J.M. BROWN, *When Military Necessity Overrides Constitutional Guarantees: The Treatment of Japanese Americans During World War II*, página web: www.yale.edu.

15 Se trata de la ordenanza n. I para las Comisiones Militares de 21 de mayo de 2002, firmadas por el Secretario de Defensa Donald H. Rumsfeld, que tienen por objeto: "Normas procedimentales para los procesos instruidos ante las Comisiones Militares en relación con alguno de los no ciudadanos de los Estados Unidos en la guerra contra el terrorismo"; así como, ocho Instrucciones para las Comisiones Militares, firmadas por el Abogado General del Departamento de Defensa W.J. Haynes II (en particular, se señala la Instrucción n. 2 que tiene por objeto documentos "Delitos y sus elementos constitutivos para los procesos ante una Comisión Militar"). Estos documentos pueden consultarse ahora, traducidos al italiano, en el apéndice al libro de C. BONINI, *op. cit.*, 151-226.

16 Este *Appointing Authority* tiene el poder de revocar a un componente de la Comisión militar por justa causa y elegir un *Presiding Officer* para cada Comi-

esto termina con el establecimiento efectivo de un cauce judicial paralelo al institucional, que justo por eso evita las reglas y los mecanismos de garantía y de control predispuestos en el ámbito del ordenamiento. Por tanto, confiando los procesos de los detenidos de Guantánamo a comisiones militares especiales, el Gobierno de los Estados Unidos ha excluido la competencia de los tribunales del país para juzgar la legalidad de las acciones por éstos emprendidas en relación con los sujetos considerados ligados a organizaciones terroristas, por cuanto éstas puedan haber implicado la violación de los principios sancionados por la Constitución y las normas de derecho internacional[17].

El Ejecutivo estadounidense, o mejor, su Presidente, asume así la autoridad para determinar unilateralmente el *status* de los individuos arrestados, sin que a tal fin haya sido requerido un tribunal. Esto comporta que, pese a que los prisioneros hayan sido acusados de haber violado normas de derecho internacional, no necesariamente les serán aplicables las disposiciones previstas por la Convención de Ginebra de 1949[18], las cuales, según sostiene el Gobierno, se refieren sólo a los prisioneros de guerra. Por consiguiente, la Convención de Ginebra es negada a los detenidos de Guantánamo, porque en el momento de la captura

---

sión, así como el *Chief Prosecutor* y el *Chief Defense Counsel* entre los jueces pertenecientes al cuerpo de la Abogacía militar. V. *Department of Defense Military Commission Instruction n.3, Responsabilities of the Chief Prosecutir, Prosecutors and Assistant Prosecutors,* 30 de abril de 2002, página web: www.defenselink.mil/news/Mar2002/d20020321ord; v. también *Department of Defense Military Commission Instruction* n.8, *Administrative Procedures,* 3, 30 de mayo de 2003, página web: www.defenselink.mil/news/May2003/b05022003bt297-03.html.

17 V. J. PARK TAYLOR, *Event Horizon: The Constitution approaches Guantanamo: A legal Guide to the U.s. Detainee Cases,* en *The Montana Lawyer,* n. 8, 2004, 512-569; T.E. FROSINI y C. BASSU, *La libertà personale nell'emergenza costituzionale,* cit.

18 Las cuatro Convenciones (I, *Convention for the Amelioration of the Condition of the Wounded and Sick in Armed Forces in the Field;* II, *Convention for the Amelioration of the Conditions of the Wounded, Sick and Shipwrecked Members of Armed Forces at Sea;* III, *Convention Relative to the Treatment of Prisioners of War;* IV, *Convention Relative to the Protection of Civilian Persons in time of War*) fueron estipuladas en Ginebra el 12 de agosto de 1949, entraron en vigor el 21 de octubre de 1950 y fueron ratificadas por los Estados Unidos el 14 de julio de 1955.

éstos no vestían uniforme o signo de pertenencia a un Estado beligerante, y por ello, no pueden ser considerados prisioneros de guerra[19], sino más bien "*enemy combatants*". Y además, en cuanto pertenecientes a la organización "Al Qaeda", que es considerada "*nonstate actor*", esto comporta que los detenidos quedan excluidos de la esfera de protección de la Convención, visto que ésta encuentra aplicación plena en el caso en que un Estado contrayente haya sido ocupado, o en la hipótesis de que los Países firmantes hayan emprendido una "guerra declarada" o un "conflicto armado"[20]. En este sentido, resulta bastante significativo el *memorandum* de 25 de enero de 2002, redactado por el Consejero legal de al Casa Blanca Alberto R.Gonzales, destinado directamente al Presidente de los Estados Unidos, y concerniente a la «Aplicación de la Convención de Ginebra relativa a los prisioneros de guerra en el conflicto con Al Qaeda y con los talibanes»[21].

---

19 V. la III Convención de Ginebra, cuyo art. 4 incluye en la categoría de prisioneros de guerra a los miembros de grupos de resistencia organizados, que vestían signos claros de reconocimiento individual a distancia y dirigían operaciones en el respeto de la ley de las costumbres de guerra; a propósito de la aplicación de las normas de derecho internacional sobre derechos humanos por parte de los Estados Unidos, véase S.D. MURPHY (ed.), *Contemporany practice of the United States Relating to International Law: International Criminal Law: Ability of the Detainees in Cuba to Obtain Federal Habeas hábeas Review*, en *The American Journal of International Law*, n. 1, 2004, 257 ss.

20 V. art. 2 común a la I, II, III y IV Convención de Ginebra de 1949. El art. 3 común a las cuatro Convenciones establece las garantías mínimas aplicables en los conflictos armados no internacionales. A propósito de la definición de la situación post-11 septiembre y sobre la individualización de qué aspectos puedan definirse conflictos armados a la luz de la Convención de Ginebra, véanse las posiciones contrapuestas de D. JINKS, *September 11 and the Laws of War*, en *Yale International Law Journal*, n. 28, 2003, 112 ss. (sostiene que los atentados y la consecuente campaña anti-terrorismo entran en el ámbito de aplicación de la Convención de Ginebra) y R. GABOR, *Interesting Times of International Humanitarian Law: Challenges from the "War of Terror"*, en *World Affair*, n. 3, 2003, 279 ss. (aquí las situaciones que afectan a la disciplina del derecho internacional en materia de derechos humanos son aisladas respecto a la categoría más amplia de quella definida como "*war on terror*", aduciendo dudas acerca de la aplicabilidad del derecho internacional humanitario fuera de las hipótesis de los conflictos armados declarados).

21 El *memorandum* del consejero legal en la Casa Blanca Alberto R. Gonzales puede leerse en el apéndice al vol. de M. RATNER y E. RAY, *Prigionieri di*

En el *memorandum* se recomendaba la no aplicación de la Convención, subrayando como este poder de hacerlo perteneciese a la autoridad constitucional del Presidente, y se argumentaban tres motivos para justificar la inaplicación de la Convención de Ginebra: *a)* establecer que no sean aplicados «elimina toda disputa relativa a la necesidad de verificar caso por caso el *status* de prisionero de guerra»; *b)* la guerra del terror «convierte en obsoletas las rígidas limitaciones de Ginebra sobre el interrogatorio de los enemigos combatientes»; *c)* por último, no atenerse a la Convención de Ginebra «reduce de modo sustancial la amenaza de medidas penales [con respecto a los representantes de la Administración] en los Estados Unidos en el sentido de la *War Crimes Act* (18 U.S.C. 2441)». Se ha afirmado «que el *memorandum* Gonzales representa el inicio del fin de la legalidad relativa al tratamiento de los prisioneros de Guantánamo»[22].

3. Guantánamo, "a legal black hole"

El caso de Guantánamo ha sido severamente definido como *"a legal black hole"*[23], fundamentalmente porque los detenidos no

---

Guantanamo. Quello che il mondo debe sapere, cit., 173 ss.. Véase también el memorandum de 22 de enero de 2002 redactado por el jefe del gabinete jurídico del Departamento de Justicia Jay S.Bybee y destinado al Consejero legal de la Casa Blanca Alberto R. Gonzales, y al Abogado general del Pentágono, William J.Haynez II. En este *memorandum* se afirma que el Presidente Bush no se encuentra vinculado a la ley internacional en relación con Afganistán porque este es un *"failed State"*, esto es, un "Estado ausente", y en cuanto tal, no formaría parte de la comunidad internacional de los Estados sujetos a la legislación internacional; por lo tanto, según el *memorandum*, el status de *"failed State"* de Afganistán constituye por sí solo motivo suficiente para que el Presidente suspenda la Convención de Ginebra. Este *memorandum* forma parte de una serie de documentos gubernativos antes protegidos por su carácter secreto, y depués, hechos públicos por el Gobierno estadounidense el 22 de junio de 2004 (página web: www.why-war.com/).

22 Así, Michael Ratner en el libro M.Ratner y E.Ray, *Prigionieri di Guantanamo. Quello che il mondo debe sapere*, cit., 29.

23 Così *Lord* Johan Steyn nella prolusione al *British Institute of International and Comparative Law* tenuta il 25-11-2003 (v. J. STEYN, *Guantánamo: a monstrous failure of justice*, in *International Herald Tribune*, 27 novembre 2003); si v. il caso *Abbasi & Anor* v. *Sec'y of State of Foreign & Commonwealth Affairs*, EWCA Civ. 1598, par. 64, Uk Sup. Ct. Judicature, C.A., novembre 2002, sito *Web*: www.

han tenido modo de enfrentarse a un procedimiento judicial regular en el ámbito penal, que le permitiese disponer de una defensa frente a las acusaciones, que con frecuencia no han sido formuladas de modo claro. Pero realmente, ¿debe considerarse un agujero negro en el derecho? Nos detendremos, aunque sea brevemente, en tres perfiles de la cuestión: *a)* el trato de los detenidos; *b)* la legalidad de las Comisiones militares; *c)* la violación delas reglas de derecho internacional.

Sin embargo, previamente daremos cuenta de una cuestión general, que, además, se sitúa en la base de este caso. A la pregunta de «por qué a los ciudadanos americanos debería interesar Guantánamo y lo que está sucediendo allí», Michale Ratner, presidente del *Center for Constitutional Rights*, ofrece la siguiente respuesta, un poco amplia, pero conviene citarla de forma completa: «en primer lugar, el modo en que estamos tratando a los prisioneros en Guantánamo es escandaloso [...]. Poder arrestar a alguien y golpearlo en prisión en una isla sin derechos de ningún tipo durante dos años y medio es una cosa simplemente inhumana. En segundo lugar, [...] Guantánamo se ha transformado en un icono en el mundo árabe y musulmán; viene a representar que Estados Unidos tortura y maltrata a las personas. Si queremos vivir en un mundo seguro, el mensaje que deberíamos enviar es que trataremos a las personas no como animales, sino como seres humanos. Tercero, debería interesarnos Guantánamo porque deberíamos interesarnos por el modo en que los demás tratarán a nuestros conciudadanos [...]. ¿Queremos que sean tratados de modo justo, en el respeto a la ley penal y a las Convenciones de Ginebra, o queremos que sean tratados como nosotros estamos tratando a los prisioneros en Guantánamo? [...] Una cuarta razón por la cual nos debería importar es lo que todo esto podrá implicar para el futuro de los preceptos jurídicos y para la estructura de sociedad basada en estos últimos, y no sobre los *diktat* de soberanos y presidentes. Durante casi ochocientos

---

bailii.org/ew/cases/EWCA/Civ/2002/1598.html; M. HAPPOLD, *The Detention of Al Quaeda Suspects at Guantánamo Bay: United Kingdom Perspectives*, in *Human Rights Law Review*, vol. 4 n. 1, 2004, 58-76; L. VIERUCCI, *Il caso Abbasi: la detenzione arbitraria a Guantánamo davanti al giudice inglese*, in *Rivista diritto internazionale privato processuale*, 2003, 911 ss.

años, desde que fue firmada la Carga Magna en 1215, nuestras leyes han confirmado que todo individuo tiene el derecho a alguna forma de proceso judicial antes de ser ingresado en prisión. Estados Unidos está tratando de derrocar uno de los principios fundamentales de la jurisprudencia angloamericana y del derecho fundamental [...]. Guantánamo se ha convertido en nuestra *Devil's Island,* nuestro *Chateau d'If* del Conde de Montecristo»[24].

a) Sobre el trato a los detenidos en Guantánamo. Con carácter previo hemos de advertir que Estados Unidos no ha comunicado nunca la identidad de los sujetos capturados y, hasta el momento del arresto, los prisioneros han estado sometidos a repetidos interrogatorios en ausencia de abogados; no les ha sido concedido ningún contacto con familiares y ninguno ha tenido la oportunidad de disfrutar de asesoramiento legal; sólo algunos periodistas han podido visitar la base, con la condición de respetar la taxativa prohibición de tener contacto alguno con los prisioneros[25]. De los *reportage* de los periodistas que han visita-

---

24 Así, MICHAEL RATNER en el libro M. RATNER y E. RAY, *Prigionieri di Guantanamo. Quello che il mondo debe sapere*, cit., 23. Sustancialmente análoga es la opinión de DAVID COLE: «Creo que el motivo por el que Guantánamo haya manchado la reputación de los Estados Unidos en el mundo es porque insistimos no sólo en detener gente que combate contra nosotros, sino a cualquiera que queramos, sólo porque los decimos nosotros, y por lo tanto, sin limitación. Apelamos a la autoridad de las leyes de guerra pero no queremos someternos a las limitaciones que éstas imponen. Esta actitud refuerza aún más la opinión compartida en todo el mundo de que Estados Unidos rechaza atenerse a las leyes a las que se atienen todos los demás» (Cfr. D. COLE y V. DINH, *Guantanamo: democracia e non persone*, en *Micromega*, n. 4, 2004, 237 ss.). V. también la rigurosa definición de Antonio Cassese: «Guantánamo es la negación de todos los principios fundamentales de respeto a al dignidad humana sobre los que se apoyan, bien las modernas reglas del derecho internacional, bien el sistema constitucional americano», A. CASSESE, *Guantanamo nostro lager*, en *La Repubblica* de 7 de febrero de 2004.

25 Amnistía Internacional, *Memorandum to the U.S.Governmetn, U.S.A.: Treatment of prisoners in Afganistan and Guantanamo Bay undermines human rights*, página web: www.creativeresistance.ca/world-awarness/2002-aug15-us-treatment; T. BRANIGAN, *Dodd Vikram, Afganistan to Guantanamo Bay-the story of three British Detainees*, en www.guardian.com/uk; D.COLE, V.DINH, *Guantanamo: democrazia e non persone*, cit., 231 ss.; U.S. *Clarifies Rights of Guantanamo Detainees*, en *Herald Sun* de 18 de abril de 2002, 12: «In its latest rebuff to demands

do la base, junto a otros testimonios de los que daremos cuenta, ha sido posible obtener una recapitulación de las condiciones en que viven los detenidos. He aquí un sintético, pero elocuente informe: están encerrados 24 horas tras 24 horas en las pequeñas celdas individuales (un metro y ochenta por dos metros y medio) con paredes metálicas abiertas a la observación externa por todos y por los cuatro lados; siempre iluminados por la luz solar durante el día y por la artificial durante la noche, y sujetos a las temperaturas subtropicales (frecuentemente superiores a 43 grados centígrados). Duermen sobre suelo de cemento, sin colchón, y el baño es un agujero en la tierra. Los prisioneros no tienen nombre, sólo un número que corresponde a su celda. Y se distinguen por el color de todo lo que deben vestir, que revela el *behaviour*: naranja es el color del mono de quien no colabora; en cambio, blanco es el color del mono del que ha hablado y, por tanto, goza de algún pequeño privilegio. En una semana, sólo se sale de la jaula durante noventa minutos, en fracciones de treinta minutos cada una, a intervalos de dos días. Los detenidos con el mono naranja cuando salen, deben vestir las "tres piezas", que es un cinturón de piel, apretado con robustas esposas enganchadas a dos metros de cadena que tienen en tobillos y muñecas[26]. En una carta a los miembros de la Comisión de las Fuerzas Armadas del Senado de los Estados Unidos dos prisioneros, Shafiq Rasul y Asif Iqbal, que han sido liberados en marzo de 2004 y por tanto han podido regresar a Gran Bretaña, cuentan como se desarrollan los interrogatorios en Guantánamo: «hemos estado encadenados durante horas [...] a los prisioneros se les obligaba a orinar mientras eran interrogados y no se les concedía ir al baño. Una práctica introducida [...] era el esposado corto (*short shackling*). Nos obligaban

for an indipendent body to decide the legal status of captives held here, the United States said detainees have no right to lawyers and can be held as long as the U.S. led war on terrorism lasts»; K.Q. SEELYE, *An Uneasy Routine at Cuba Prison Camp*, en *New York Times*, de 16 de marzo de 2002, 17.

26 Cfr. C. BONINI, *Guantanamo. USA, viaggio nella prigione del terrore*, cit., 30-31 y 59-61; v. además, R. FERREIRA, *I prigionieri incappucciati nelle gabbie di Guantanamo*, en *La Repubblica* de 25 de enero de 2002; A. CONCHIGLIA, *Nel buco nero di Guantanamo*, en *Le Monde diplomatique*, enero 2004; A. DE PETRIS, *Guantanamo: un buco nero nella "terra della libertà"*, página web: www.associazionedeicostituzionalisti.it/materiali/anticipazioni.

a permanecer con las piernas en el aire, con las manos unidas entre las piernas y encadenados al suelo [...] Nos dejaban en esta posición durante horas antes del interrogatorio (que podía durar también doce horas) [...]. Se elevaba el aire acondicionado, de este modo, tras pocos minutos se congelaba. Había una lámpara estroboscópica y música con volumen elevado, que constituían a su vez una forma de tortura. A veces traían también perros para aterrorizarnos. No siempre nos alimentaban y cuando regresábamos a la celda durante ese día no recibíamos nada de comida [...]. Algunos soldados nos han contado personalmente que iban a las celdas y daban golpes con barras de metal, de lo cual no informaban posteriormente. Nosotros mismos hemos asistido a brutales ataques a los prisioneros [...] Desearíamos aclarar que éstos y otros episodios y toda la brutalidad, la humillación y la degradación tenían lugar claramente como resultado de políticas y órdenes oficiales»[27]. Hay además noticias de un informe de la Cruz Roja, que se ha hecho público con bastante retraso, en el que se ponían de manifiesto los métodos coercitivos empleados con respecto a los detenidos de Guantánamo, como desnudarse, el esposado corto y el uso de información sobre la salud de los detenidos para amenazarles y obligarles a colaborar. Se señala también que el «*Memorandum* sobre los derechos de las personas en custodia americana en Afganistán y Guantánamo», sesenta y seis páginas predispuestas por *Amnesty International* y remitidas a la Casa Blanca, en las que se enumeran minuciosamente todas las violaciones de los derechos humanos imputables a las fuerzas americanas, incluidos presuntos malos tratos, e incluso, asesinatos de los detenidos; la misma organización de *Amnesty International* presentará una serie de informes de denuncia sobre el trato a los detenidos en Guantánamo[28]. Sobre la base de estos

27 Cfr. la carta de Shafiq Rasul y Asif Iqbal a los miembros de la Comisión de las Fuerzas Armadas del Senado de 13 de mayo de 2004 publicada en el apéndice al libro de M. RATNER y E. RAY, *Prigionieri diGuantanamo. Quello che il mondo deve sapere*, cit., 207 ss.

28 Véase el *Rapporto del Comitato Internazionale della Croce Rossa sul trattamento da parte delle Forze della Coalizione di prigionieri di guerra e di altre persone tutelare dalle Convenzioni di Ginevra in Iraq durante il loro arresto, la loro detenzione e i loro interrogatori*, página web: http://download.repubblica.it/pdf/rappor-

testimonios se ha considerado que en Guantánamo se practicase la tortura, física y psicológica, con el fin de obtener información. Una confirmación de ello se encuentra en el descubrimiento de un acta secreta de ochenta y dos páginas, en el que se registraron los interrogatorios a los prisioneros, dirigidos por militares americanos según métodos y técnicas que vulneraban manifiestamente los derechos humanos[29].

Por parte de la Administración estadounidense, precisamente con relación al problema del trato de los detenidos, hay que señalar indudablemente el Informe de la Casa Blanca sobre el "*Status* de los detenidos en Guantánamo" de 7 de febrero de 2002. En el mismo, además de enumerar qué debe concederse a los detenidos (por ejemplo, tres comidas al día que respeten los dictámenes alimenticios musulmanes, o bien la posibilidad de practicar la propia fe, fuera de los géneros de primera necesidad)[30], resulta bastante interesante la introducción al Informe, que constituye una especie de manifiesto de la política de Estados Unidos respecto a los detenidos de Guantánamo, con particular referencia a la aplicación de las reglas de derecho internacional. Conviene citarla íntegramente: «Los Estados Unidos están tratando y continuarán tratando humanamente a todos los individuos detenidos en Guantánamo y, *en la medida adecuada y coherente con las necesidades militares*, conforme a los principios de la Tercera Convención de Ginebra de 1949. *El Presidente ha establecido que la Convención se aplica a los detenidos talibanes, pero no a los miembros de Al Qaeda*. Efectivamente, la organización no es un Estado firmante de la Convención, sino un grupo terrorista extranjero,

---

to_croce_rossa.pdf. Los numerosos informes de *Amnesty International*, de 2001 a 2004, se encuentran todos disponibles en la página web: www.amnesty.org. Para una crónica esmerada, así como para referencias a cada iniciativa, véase C. SCIUTO, *Torture Act*, en *Micromega*, n. 4, 2004, 245-302.

29 Consúltese la noticia en la prensa italiana: *Guantanamo, il secondo inferno. Un "manuale" segreto del Pentagono autorizza le torture*, en *La Repubblica*, de 10 de mayo de 2004.

30 Lo previsto por el Informe a favor de los detenidos contrasta de todos modos con una serie de garantías previstas por la III Convención de Ginebra; sobre este punto, también para la enumeración de los artículos de la Convención desatendidos por la Administración estadounidense, cfr. A. DE PETRIS, *Guantanamo: un buco nero nella "terra della libertà"*, cit., 6.

y como tal, sus miembros no tienen derecho al *status* de prisioneros de guerra. En consecuencia, ni los Talibanes ni los detenidos de Al Qaeda tienen derecho al *status* de prisioneros de guerra. Pero incluso, aún no teniendo los detenidos derecho a los privilegios derivados de dicho *status*, nuestra política será la de conceder muchos de ellos [...]. Muchos prisioneros de Guantánamo constituyen una seria amenaza para la integridad de quien los vigila y para la de sus compañeros de detención. Alguno de éstos ha demostrado su peligrosidad en las revueltas de Mazare-Sharif y de Pakistán. *Los Estados Unidos deben tomar en consideración la necesidad de seguridad al establecer las condiciones para la detención en Guantánamo*»[31]. Un breve comentario. No se puede quedar,

31 El Informe de la Casa Blanca sobre el status de los detenidos en Guantánamo, difundido por la Secretaría de la Oficina de prensa el 7 de febrero de 2002, puede consultarse en el apéndice al libro de M. RATNER y E. RAY, *op. cit.*, 204 ss. (las cursivas en el texto son nuestras). De un cierto interés resulta pues la conferencia que el embajador americano para los crímenes de guerra, PIERRE RICHARD PROSPER, dio el 20 de febrero de 2002 en la Chatam House de Londres sobre el tema: *Stato e trattamento dei talebani e dei detenuti di Al Qaeda*, (que se puede consultar en internet: www.state.gov/s/wci/rm2002/4491.htm) del que citamos el siguiente pasaje: «El derecho de dirigir en condiciones de legítima beligerancia es prerrogativa únicamente de los estados y de sus fuerzas armadas o grupos sometidos a un mando que sea responsable. Cada individuo, privado de los requisitos mínimos de una organización, o de la capacidad o voluntad de dirigir operaciones en el respeto de las leyes de guerra, no tiene derecho alguno para realizar actos de guerra en relación con un Estado. Los miembros de Al Qaeda están, por tanto, privados de estos requisitos necesarios para ser considerados legítimos combatientes a la luz de las leyes de la guerra. Optando por vulnerar estas leyes y llevando a cabo actos hostiles, los sujetos en cuestión, se definen combatientes ilegales y sus conductas, dirigidas a atacar objetivos civiles, a hacer estragos en un contexto de conflicto armado internacional, representan crímenes de guerra. Como hemos afirmado repetidamente, no estamos frente a crímenes normales, por tanto, sus responsables no pueden ser reconocidos como "simples criminales". Por tanto, Estados Unidos, al negar la aplicabilidad de la III Convención de Ginebra, sostiene, además, que no se les pueda reconocer el *status* de prisioneros de guerra, porque no presentan los requisitos del art. 4. No están sometidos a un mando responsable de sus acciones. No dirigen operaciones en ejecución de las leyes y las costumbres de la guerra. No visten uniformes, ni otras señas visibles que los hagan reconocibles a distancia. Disimulan que están armados. Su historia de ataque indiscriminado a la población civil es la prueba, no sólo de su bárbara filosofía, del desprecio por la vida humana y de las leyes, sino

cuanto menos, perplejo, cuando el Informe sostiene que serán tratados «humanamente todos los individuos en Guantánamo *en la medida adecuada y coherente con las necesidades militares*». ¿Qué quiere decir? ¿Qué las personas no serán tratadas de modo humano cuando se considere que las necesidades militares pidan un trato diferente, que pudiera, por tanto, ser inhumano, o contrario a los derechos humanos? Además, se aprecia la distinción que se hace entre talibanes y detenidos miembros de Al Qaeda; a los primeros, podría aplicárseles la Convención de Ginebra, sin embargo, según la Convención de Ginebra los detenidos talibanes no son clasificables como prisioneros de guerra, por lo tanto, ni talibanes, ni detenidos de Al Qaeda tienen derecho al *status* de prisionero de guerra. Por consiguiente, *enemy combatans* los unos y los otros. Esto es, no son prisioneros de guerra, ni detenidos políticos, ni prisioneros políticos, no tienen una existencia jurídica, «representan una pura anonimia»[32].

Efectivamente, respecto a la aplicación de las reglas de derecho internacional, en particular la Convención de Ginebra, se trata de un punto sobre el cual pesa principalmente la cuestión de los detenidos en Guantánamo, ya sea desde el punto de vista de la calificación de su *status*, que del trato reservado a éstos[33]. Volveremos sobre ello más adelante.

b) Sobre la legalidad de las Comisiones militares. Las Comisiones militares fueron instituidas por la Ordenanza militares de 13 de noviembre de 2001, que autoriza las detenciones y además, instituye un sistema judicial especial para los detenidos privados de ciudadanía[34]. En ésta, como hemos recordado ante-

---

también la más sólida prueba de las razones por las cuales se les niega todo *status* de prisionero de guerra. No obstante, Estados Unidos, por elección política, asegura a éstos muchos de los derechos de prisioneros de guerra».

32 Según la definición de J.C. PAYE, *La fine dello Stato di Diritto,* tr. it., Roma, 2005.

33 Sobre este punto, H.H. KOH, *On Americam Exceptionalism*, en *Stanford Law Review*, 55, 2003, 1479 ss.

34 Véase N. KATYAL, L. TRIBE, *Waging War. Deciding Guilt: Trying the Military Tribunals*, en *Yale Law Journal*, III, 2002, 1259 ss.; H. SCHWARTZ, *Il trattamento giuridico dei terroristi internazionli da parte degli Stati Uniti,* página web: www.associazionedeicostituzionalisti.it/dibattiti/vicendeinternazionali y F. LANCHESTER, *Gli Stati Uniti e l'11 settembre*, 2001, ivi.

riormente, se definen las líneas directrices, mientras los detalles procedimentales se presentan más adelante, sobre todo con la Ordenanza n. 1 para las Comisiones militares de 21 de marzo de 2003 y después con las siguientes ocho Instrucciones, entre éstas se señala la n. 2, que precisa de manera detallada las competencias de las Comisiones militares en orden a los tipos de delitos perseguibles. Se trata de una prolija serie de normas que reescribe libremente los principios del proceso justo, alterando significativamente los equilibrios y garantías. En efecto, se confía al Ejecutivo el poder exclusivo de la acción penal, la ejecución de las penas (sea privativa de libertad, o capital), así como cada eventual decisión de revisión de un juicio que, por ley, no podrá tener apelación. El departamento de Defensa ha previsto una comisión de revisión, que hará de tribunal de segundo grado, cuyos miembros, sin embargo, son elegidos uno por uno por el Presidente. Después, si el acusado recusa a los defensores asignados por el ejército, puede recurrir a un abogado civil, que deberá abandonar el tribunal (como la prensa, por otra parte) cada vez que se presente en juicio una información clasificada como *secret defense*. Además, bastante singular resulta el sistema de aceptación de las pruebas, según el cual es suficiente que éstas sean «convincentes para una persona razonable». Por tanto, se trata de un verdadero y singular código de procedimiento penal extraordinario; normas pensadas y escritas para los *enemy combatants*. Ronald Dworkin ha escrito: «este es el tipo de 'proceso' que nosotros asociamos con la más ilegítima de las dictaduras totalitarias»[35].

Probemos seguidamente a analizar la situación: un órgano del Gobierno ha establecido cuales son los delitos; otro órgano del Gobierno actúa contra tales delitos y, por último, otro órgano del Gobierno establece la culpabilidad y determina las penas. Efectivamente, un mecanismo de concentración de poder que choca bastante con lo previsto por la Constitución estadouniden-

35 R. DWORKIN, *The Threat to Patriotism*, en *New York Review of Books* de 28 de febrero de 2002. Véase también el artículo crítico de A.M. DERSHOWITZ, *Perché No ai tribunali di guerra*, en *L'Unità* de 25 de noviembre de 2001 y el de F. POCAR, *A Guantanamo prigionieri senza diritti*, en *Il Messaggero* de 12 de agosto de 2002.

se, en la que el Congreso define los delitos, el Ejecutivo acusa a las personas por los delitos que han sido concretizados por el Congreso ante tribunales instituidos por el Congreso mismo y por la Constitución, y la Magistratura atribuye las culpas e impone las penas. De este modo, se construye un modelo que tiende a alterar notablemente las relaciones entre poderes constitucionales, desafiando así al tradicional principio institucional americano de separación de poderes y el sistema de *checks and balances*, resquebrajando, además, los delicados equilibrios de las dinámicas entre autoridad y libertad[36].

Además, debemos de señalar que la competencia de las Comisiones militares debería limitarse sólo al juicio sobre la violación de las normas del derecho de guerra; en cambio, 7la Ordenanza Militar del Presidente al definir el ámbito de acción de las *Military Commissions*, dispone que éstas serán las competentes para juzgar también *other applicable laws*, sin proceder ulteriores detalles sobre la naturaleza de tales actos. Previsiones estas, que resultan carentes de fundamento constitucional y legal[37]. Considerando una vez más las Convenciones internacionales como parámetro de referencia, se han suscitado algunas dudas acerca de la legalidad de los tribunales militares previstos por decreto presidencial, tanto la ya citada Convención de Ginebra, como la Convención internacional sobre los derechos civiles y políticos prevén, efectivamente, el derecho imprescindible para cualquier sujeto sometido a procedimiento frente a tribunales "*regularly constituted*", excluyendo, por tanto, la legitimación de Tribunales predispuestos *ad hoc* y disciplinados por regulación especial.

c) Sobre la violación de las reglas de derecho internacional. Que la aplicación del derecho internacional al supuesto de Guantánamo haya supuesto una ofensa para la Administración americana, emerge bastante claramente de los dos *memorandum*

36 Sobre estas cuestiones, puede consultarse T.E. FROSINI y C. BASSU, *La libertà personale nell'emergenza costituzionale*, cit.; B. ACKERMAN, *La Costituzione di emergenza. Come salvaguardare libertà e diritti civili di fronte al pericolo del terrorismo*, tr. it., Roma, 2005.

37 Véase *Presidential Military Order*, cit.; también, consúltese C. ROSENBERG, *Detentions at Guantanamo Bay "grave mistake" lawmakers say"*, en *Miami Herald*, de 7 de enro de 2003, 14.

que fueron redactados respecto a la interpretación de la aplicabilidad de la Convención de Ginebra. Un primer *memorandum*, preparado por Alberto R.Gonzales y dirigido al Presidente Bush, ya mencionado anteriormente, favorable a desatender las reglas internacionales; y un segundo, consecutivo al primero y una réplica de éste, firmado por el Secretario de Estado Colin L. Powell, y destinado a Alberto R. Gonzales o a Condoleezza Rice (Consejera para la Seguridad Nacional), que está bien argumentado a favor del respeto a las normas internacionales. Sobre el primer *memorandum*, el de Gonzales, nos hemos referido ya con anterioridad, y por tanto, aquí nos limitamos a recordar sólo como la posición manifestada en aquel *memorandum* fuera por la no aplicación de la Convención, y como esta opción dependiera exclusivamente del Presidente en virtud de los poderes constitucionales que le corresponden. En cambio, el *memorandum* de Powell se manifiesta a favor de la aplicación de la Convención respecto a todos los detenidos en Guantánamo. Se afirma que en Estados Unidos no se ha establecido nunca que las convenciones no deban aplicarse en conflictos armados en los que se empleen fuerzas militares estadounidense, y sostiene que su aplicación sería de ayuda para garantizar un trato de prisioneros de guerra a los soldados americanos capturados, reduciendo al mismo tiempo las amenazas legales a las detenciones, «ofreciendo una imagen positiva en el ámbito internacional» y «preservando la credibilidad y la autoridad moral de Estados Unidos». Al final Powell cierra con la siguiente recomendación dirigida a Gonzales: «Espero que pueda revisar las disposiciones del *memorandum* a la luz de estas indicaciones, cosa que, en mi opinión, hará comprender al Presidente las alternativas de que dispone y sus consecuencias»[38].

La actitud del Gobierno americano en relación a los detenidos en Guantánamo llama la atención de los observadores internacionales y provoca encendidas contestaciones y protestas desde varios frentes, entre los cuales se señala en particular la

38 Véase el *Memorandum* de Colin L.Powell, de 26 de enero de 2002, en el apéndice al libro de M. RATNER y E. RAY, *op. cit.*, 180 ss. Sobre esta cuestión, consúltese cuanto recoge la prensa italiana: *Powell difende i detenuti di Guantanamo. Il Segretario di Stato chiede alla Casa Bianca l'applicazione dello status di 'prigionieri di guerra'*, en *Corriere della Sera*, de 27 de enero de 2002.

intervención de un Tribunal de Apelación británico[39]. Sobre la base de la Declaración americana de los derechos y deberes del hombre[40], el *Center for Constitutional Rights*, junto a la *Human Rights Clinic* de la Columbia Law School y el *Center for Justice and International law*,presentan en febrero de 2002 una instancia ante la *Inter-American Comisión of human Rights*, en la que denuncian la violación por parte de Estados Unidos de los derechos humanos y, por tanto, de numerosos acuerdos internacionales[41]. La Co-

39 En una decisión de 2002, resuelta excepcionalmente, un Tribunal de Apelación británico ejerció su jurisdicción para valorar el empleo efectivo ejercitado por el Ejecutivo inglés a favor del ciudadano británico Feriz Abbasi, detenido en Guantánamo; véase el caso *Abbasi & Anor v. Sec' of State of Foreing & Commowealth Affaire*, EWCA Civ. 1598, par.64, Uk Sup. Ct.Judicature, C.A., noviembre 2002, cit; sobre esta cuestión, veáse C. Warbrick, *Introductory note to United Kingdom (UK) Supreme Court of Judicature-Court of Appeal (Civil división): Abbasi v. Secretary of State for Foreign and Commowealth Affaire,* 42 I.L.M. 355-357 (2003), el Tribunal ha manifestado «deep concern that Abbasi had suffered what appears to be a clear breach of fundamental human right» (par. 107); J. STEYN, *Guantanamo: a monstruous failure of justice,* cit; M. HAPPOLD, *The Detention of Al Qaeda Suspects at Guantanamo Bay: United Kingdom Perspectives,* cit.; L. VIERUCCI, *Il caso Abbasi: la detenzione arbitraria a Guantanamo davanti ai giudice inglese,* cit. También tribunales franceses han presentado protesta formal en nombre de los detenidos de nacionalidad francesa; el 20 de mayo de 2003 el Tribunal de Lyon rechaza la instancia presentada a favor de dos franceses detenidos en Guantánamo, retenidos como víctimas de una reclusión arbitraria; el Tribunal ha afirmado que la ley francesa no es aplicable al caso, alegando que las acciones concluidas por Estados Unidos en Afganistán fueron autorizadas por el Consejo de Seguridad de Naciones Unidas. Siete meses antes un Tribunal de París había declarado su incompetencia para valorar otro caso iniciado a favor de otros detenidos franceses. Cfr. P. SIMOLAR, *Les Prisonniers françaises oublies de Guantanamo*, en *Le Monde*, de 21 de mayo de 2003, 21.

40 *American Declaration of the Rights and Duties of Man*, adoptada en el ámbito de la IX Conferencia internacional de los Estados americanos, Bogotá, 30 de marzo-2 de mayo de 1948. En ejecución de la "Declaración americana de los derechos y deberes del hombre, la Corte Interamericana de Derechos del Hombre" afirmó su propia autoridad para proveer opiniones consultivas en relación con todos los miembros de la Organización de Estados Americanos (O.A.S.), v. *Opinione Consultiva* 10/89, july, 14, 1989.

41 Consúltese *Request by the Center of Constitutional Rights, the human Rights Clinic at Columbia Law School and the Center for Justice and International Law under Artiche 25 of the Inter American Comisión Human Rights' Regulations,* 25 de febrero de 2002, página web: www.ccrny.org En particular, se han denunciado las

misión interamericana de los derechos humanos, como medida preliminar, solicita a Estados Unidos a «proceder urgentemente a cuanto sea necesario para que el *status* legal de los detenidos de Guantánamo sea determinado por un Tribunal competente»[42]. Sin embargo, el Gobierno americano se niega a obedecer, rechazando que la Comisión tenga la competencia para exigir "*precautionary measures*" y solicitar la aplicación del derecho internacional humanitario[43]. En cambio, se ha subrayado insistentemente como la competencia de la Comisión era "indiscutible", desde el punto de vista de la *jurisdiction*, para controlar el respeto de la Declaración americana de los derechos y deberes del hombre, por ésta considerada «la fuente de obligaciones legales para todos los Estados miembros de la OAS en relación con los individuos sujetos a su autoridad y control»[44]. De todos modos, como afirma la Comisión, con referencia al valor y fuerza de las obligaciones internacionales: «Como sucede para todos las obligaciones internacionales, las obligaciones relativas al respeto de los derechos humanos de un Estado prevalecen sobre el dere-

---

violaciones, además de las de la Convención de ginebra de 1949, del Pacto Internacional sobre los derechos civiles y políticos de 1966 y de la Convención internacional contra la tortura y otros tratos denigrantes e inhumanos de 1984. Sobre la violación de los derechos humanos en Guantánamo, véase D. ROSE, *Guantanamo: The War on Human Rights*, New York, 2004.

42 V. *Precautionary measures in Guantanamo Bay*, Cuba, 12 de marzo de 2002, página web: www.unm.edu/humanrts/iachr/guantanamomeasures2002.html: «We ask the United States to take the urgent measures necessary to have the legal status of the detainees at Guantanamo Bay determined by a competent tribunal».

43 V. *Response of the United States to the Request of Precautionary Measures-Detainees in Guantanamo Bay*, Cuba, 15 de abril de 2002; D. SHELTON, *The legal Status of the Detainees at Guantanamo Bay: Innovative Elements in the Decisión of the Interamerican Comisión on Human Rights of 12 March 2002*, en *Human Rights Law Journal*, 23, 2002, 312 ss.; M. SASSOLI, *The status of persone held in Guantanamo under International Humanitarian law*, en *Journal of International Criminal Justice*, 2004, 96 ss.; en la doctrina italiana, v. E. SCISO, *La condizione dei detenuti di Guantanamo fra diritto humanitario e garanzie dei diritti umani fondamentali*, en *Rivista di Diritto Internazionale*, n. 1, 2003, 111 ss.

44 Sobre este punto, véanse las consideraciones de F. LATTANZI, *La protezione internazionale della democrazia*, en el libro *Democrazie protette e protezione della democrazia*, cit., 34-35.

cho interno del propio Estado y deben cumplirse de buena fe. En consecuencia, los Estados no pueden invocar, para justificar la ausencia de respeto del derecho internacional, disposiciones en sentido contrario de derecho interno».

Para retomar la cuestión relativa a la inaplicación y violación del derecho internacional por parte de la Administración estadounidense, se da cuenta aquí, aunque sea brevemente, de los actos de derecho internacional incumplidos, o parcialmente aplicados. En primer lugar, con respecto a la condición de prisioneros se ha desatendido lo previsto y disciplinado en la III Convención de Ginebra de 12 de agosto de 1949 (entrada en vigor al año siguiente); en particular, en el caso de Guantánamo, se evidencia lo que se establece en el art. 5 de la misma Convención: «En caso de duda acerca de la pertenencia de las personas, que hayan cometido un acto de beligerancia y hayan caído en poder del enemigo, a una de las categorías enumeradas en el art.4, dichas personas disfrutarán de la protección de la presente Convención, a la espera de que su estatuto sea determinado por un tribunal competente». Y además, aún no aplicándose a los detenidos la III Convención de Ginebra[45], éstos serían protegidos al menos por los siguientes actos de derecho internacional: la «IV Convención de Ginebra sobre la Protección de las Personas Civiles en tiempo de guerra» de 12 de agosto de 1949, el «Protocolo adjunto a la Convención de Ginebra relativo a la protección de las víctimas de los conflictos armados internacionales» de 8 de junio de 1977. Además, pueden citarse otros actos internacionales que pueden

45 ALAN W. DERSHOWITZ, en una entrevista concedida a *La Repubblica* el 18 de marzo de 2002 (*"A Guantanamo è un gioco la libertà dell'America"*), responde del siguiente modo a las objeciones sobre las condiciones de los detenidos de Guantánamo, que colisionan con la Convención de Ginebra: «Jurídicamente, la objeción no me convence. La Convención de Ginebra es un instrumento obsoleto, ajustado *a* un mundo que combatía en armas y bajo insignias reconocibles. El terrorismo, la amenaza al recurso de las armas de destrucción masiva por parte de individuos y no de Estados impone una reescritura. ¿Qué es Al Qaeda? ¿Un ejército, quizá? Diría que no. Pero no es tampoco una suma de individuos. Al Qaeda es cualquier cosa que está en medio». Sobre la presunta obsolescencia de la Convención de Ginebra, véase L. VIERUCCI, *Is the Geneva Convention on Prisoners of war obsolete*?, en *Journal of International Criminal Justice*, 2004, 866 ss.

valer a los fines de dotar de protección a los detenidos en el caso de Guantánamo, como, en particular, las «Normas sobre el *standard* mínimo para el trato de prisionero», adoptadas por la Primera Conferencia de las Naciones Unidas sobre la «Prevención del Crimen y el Trato de los culpables» en 1955 (y sucesivamente aprobadas por el Consejo Económico y Social en 1957), al que se añadió en 1977, el art. 95, que prevé que cualquier individuo arrestado y hecho prisionero sin que haya sido solicitada acusación alguna a su cargo, debería beneficiarse de la mayor parte de las garantías previstas por el *standard* mínimo para el trato de prisioneros[46]. Aún más: el "Pacto internacional de derechos civiles y políticos" de 1966; la "Carta de la Organización de los Estados americanos" de 1948; la "Convención americana de derechos humanos" de 1978 (que ha sido firmada, pero no ratificada por Estados Unidos); la "Convención contra la tortura y otras penas y tratos inhumanos y denigrantes" de 1984.

4. DESDE GUANTÁNAMO A TRAVÉS DEL TRIBUNAL SUPREMO DE EEUU

A partir de 2001, frente a los tribunales estadounidenses, se presentan acciones de *habeas corpus* por parte de algunos detenidos de Guantánamo. Debe advertirse que en la mayor parte de los casos, las opiniones de los Tribunales federales requeridos limitan la aplicación de los instrumentos de protección constitucional al territorio estadounidense y a los sujetos de nacionalidad americana, asentando así de hecho las posiciones del Gobierno, que sostiene que la extraterritorialidad de la base de Guantánamo hace que los tribunales americanos sean incompetentes jurisdiccionalmente[47]. De todos modos, sobre la base de una dis-

46 Para la cita completa de los actos internacionales, con referencias puntuales a los artículos incumplidos y vulnerados por la Administración americana en el caso de Guantanamo, véase A. DE PETRIS, *op.cit.*, 4 ss.

47 Véase *United States v. Verdugo-Urguidez,* 494, U.S., 265, en la opinión principal del caso *Verdugo-Urquidez* se declara explícitamente que los "*aliens*" no entran entre los sujetos (*the people*) protegidos por la ÏV Enmienda. Pero en la *dissenting opinion* Justice Kennedy afirma, en cambio, que «el Gobierno debe actuar siempre a la luz de lo que prevé la constitución, prescindiendo de que las acciones en cuestión sean extranjeras o internas».

posición del Estatuto federal del *habeas corpus*, que prevé que la petición pueda presentarse también "*on behalf of another*"[48], se tramita una primera instancia por un grupo de religiosos, abogados y profesores, que reivindican su poder de representar sujetos a quienes se les ha negado el acceso al Tribunal. En noviembre de 2002, la *Court of Appeals of Ninth Circuit* declara la inadmisibilidad del recurso por vicio de legitimación de los promotores, que no tienen autoridad para presentara peticiones de *habeas corpus* en nombre de individuos que no han conocido nunca[49]. Entonces los recurrentes apelaron al Tribunal Supremo con recurso *per*

---

48 V.*Federal Habeas Corpus Statute*, 28 U.S.C. 2242.

49 V. *Coalition of Clergy, lawyers and professors v. Bush*, 310 F.3d 1153, 1156, *U.S. Court of Appeals o Ninth Circuit*, 2002, *certiorari* negado, 123 S.Ct.2073, 2003 : «We accept the Coalition's concern for the rights and welfare of the detainees at Camp X-Ray as genuine or individually. We therefore must conclude that even assuming the detainees are unable to litigation their own behalf and even under the most relative interpretation of the 'significant relationship' requirement the Coalitionlacks next friend standing». Esta decisión ha despertado dudas en la doctrina porque es cierto que la regla general quiere que cada individuo pueda hacer valer sus derechos subjetivos frente a un Tribunal federal u no pueda reivindicar situaciones ajenas [a propósito de ello, véase el caso Warth v. Sandin, 422, U.S. 490, 499 (1975): «The plaintiff generally must asset his own right and interests, and cannot rest his claim to relief on the legal rights of interests of tirad parties»], pero es verdad también que el Tribunal Supremo ha sostenido en numerosas ocasiones que el rechazo a iniciar un juicio en nombre de terceras personas sea de naturaleza "prudente", no constitucional; véase el caso *United Food and CommercialWorkers v. Brown Group*, 517, U.S. 544, 577 (1996); Warth, 422, U.S.499. Precisamente la naturaleza prudencial de esta regla comporta para el Congreso el poder de superarla y autorizarla, por ello el "third party standing". Para esta cuestión, consúltese *Department of Commerce v. United States House of Representatives*, 525 U.S. 316, 328 (1999), en que el Congreso ha eliminado todo forma de "*prudential concerns*" realizando un *statute* que, específicamente, autoriza el *standing*; véase además, Bennet v. Spear, 520 U.S. 154, 162 (1997): «Unlike their constitutional counterparts, (prudential standing requirements) can be modified or abrogated by Congress». En la doctrina, véase L. TRIBE, *American Constitutional Law*, Washington, New York Foundation, 2000, 387: «Congress may by statute eliminate prudential standing concerns». Esto es exactamente lo que el Congreso ha hecho mediante la formulación del Statute 28, U.S.C. 2242, que aparece del todo explícito al disponer que «A habeas corpus petition can be filed by the person for whose relief it is intended or by someone acting in his behalf», v. 28 U.S.C. 2242 (2004).

certiorari, pero éste en mayo de 2003 sostuvo que *The petition of a writ a certiorari is denied*[50].

Una segunda instancia (*Al Odah v. United States*) fue presentada, en cambio, por familiares cercanos de algunos detenidos[51], apoyados en la iniciativa por el *Center for Constitutional Rights*, que se dirige ante el Tribunal de apelación del Distrito de *Columbia Circuit*[52] para la verificación del derecho de *habeas corpus*. El Tribunal de Apelación rechaza las peticiones basándose en un precedente del Tribunal Supremo en el caso Jhonson v. Eisentrager de 1950[53]. En aquella decisión, el Tribunal Supremo había establecido que los Tribunales estadounidenses no fueran competentes para examinar las solicitudes de *habeas corpus* presentadas pro algunos agentes secretos alemanes (entre los cuales se encontraba el ex oficial nazi Lothar Eisentrager), que fueron arrestados, procesados por las autoridades estadounidenses en China por haber cometido crímenes en la prisión militar estadounidense de *Landsberg am Lech*, en Baviera. El Tribunal argumentó su decisión afirmando que «nada en las leyes de Estados Unidos reconoce a los extranjeros capturados en el extranjero la potestad de solicitar el control del derecho de *habeas corpus*». Atendiendo al tenor dictado por la sentencia, el Tribunal de apelación del distrito de *Columbia Circuit* ha sostenido que ningún Tribunal

---

50 Puede consultarse el pronunciamiento del Tribunal Supremo n. 123 de 19 de mayo de 2003, 123 S.Ct. 2073 (2003). *La petition for a writ of certiorari* puede presentarse por parte de sucumbente en cualquier juicio ante los Tribunales estatales o federales, en una fórmula que evidencia una cuestión de relevancia constitucional. Sobre el instituto del *certiorari*, v. F. TIRIO, *Il writ of certiorari davanti alla Corte Suprema. Principi, strategie, ideologie*, Milano, 2000.

51 Se trata de petición de *habeas corpus* presentada a favor de doce sujetos de nacionalidad kuwaití, dos de nacionalidad australiana (David hicks y Mamdouh Habib) y dos de nacionalidad británica (Shafiq Rasul y Asif Iqbal), todos detenidos en Guantánamo. Todos declaran ser trabajadores en campos humanitarios, "*jobseekers*", hecha la excepción para uno de ellos que ha admitido ser un talibán.

52 V. el caso de *Al Odah v. United States*, 321 F.3d 1134, 1145, *District of Columbia Circuit Court of Appeals*, 2003. Sobre este caso, v. el testimonio de M. RATNER en el libro *Prigionieri di Guantanamo. Quello che il mondo deve sapere*, op.cit., 102 ss.

53 Tribunal Supremo n. 339 U.S. 763 (1950). La sentencia fue redactada por *Justice* Robert H.Jackson, quien había sido juez en los procesos de Nüremberg.

estadounidense tiene autoridad jurisdiccional para juzgar los casos sobre los detenidos de Guantánamo, porque esta base naval no se encuentra situada en territorio estadounidense[54]. Además, se ha destacado el hecho de que ambos casos, el referido a *Al Odah v. United States*, y el anterior del Tribunal Supremo *Johnson v. Eisentrager*, referentes a ciudadanos extranjeros capturados en el extranjero en el curso de operaciones militares, quienes, aún siendo detenidos por las fuerzas armadas americanas, nunca han puesto pie en suelo estadounidense; por tanto, la concurrencia de estos factores ha impedido a los detenidos la posibilidad de emprender posibles vías de protección de sus derechos frente a los Tribunales federales de Estados Unidos[55]. El Tribunal observa, además, como la mayoría de los jueces en "Eisentrager" han optado por negar el "*privilege of litigation*", no porque los recurrentes fueran *enemy aliens*, sino más bien porque las garantías constitucionales no son extensibles a los extranjeros que se encuentran fuera del territorio de la soberanía de Estados Unidos[56]. En opinión del *D.C. Court of Appeals*, la base de Guantánamo no puede considerarse como parte del territorio americano, porque la soberanía[57] no ha pasado nunca a manos de Estados Unidos, sino que ha quedado siempre en la República cubana[58].

El cambio se produce el 10 de noviembre de 2003, cuando el Tribunal Supremo admite el recurso de *habeas corpus* presentado en nombre de algunos ciudadanos extranjeros detenidos en Guantánamo, anunciando que examinará el caso Al Odah y que, por tanto, se pronunciará en relación al problema de «si los

---

54 V. al *Odah v. United Stated*, cit., 1141.

55 V. *Al Odah v. United States*, cit. 1140: «The Guantanamo detainees have much in common with the German prisioners in Eisentrager. They too are aliens, they too were captured during military operations, they were in a foreign country when captured, they are now abroad, they are in custody of the American military, and they have never had any presence in the United States (...) Under Eisentrager these factors preclude the detainees from seeking habeas relief in the Courts of the United States».

56 *Al Odah v. United States*, cit., 1139-40; cfr. Eisentrager, 339 U.S., 784.

57 Por "*sovereignity*" el Tribunal entiende «the supreme dominion exercized by a nation», cfr. *Al Odah v. United States*, 321 F.3d, 1120.

58 *Al Odah v. United States*, cit., 1142-1144.

Tribunales de los Estados Unidos sean o no competentes para controlar la legalidad de las detenciones de los detenidos extranjeros, capturados en el extranjero, en ámbito de hostilidad y encarcelados en la base naval de Guantánamo, Cuba»[59]. Posteriormente el Tribunal admite también la *petitions for writ of certiorari* de los siguientes casos: Rasul y al v. Bush, Hamdi v. Rumsfeld, y Rumsfeld v. Padilla[60].

5. 28 DE JUNIO DE 2004: SE PRONUNCIA EL TRIBUNAL SUPREMO

El 28 de junio de 2004 el Tribunal Supremo dicta tres sentencias, señaladas como "Guantánamo", si bien, sólo una de ellas, *Rasul v. Bush,* concierne propiamente a estas cuestiones de los detenidos en la base americana de Cuba. Por otra parte, esta sentencia reúne en sí tres casos diferentes: *a*) *Rasul v. Bush,* precisamente, que se refiere a dos ciudadanos británicos, entre ellos Shafiq Rasul, que fueron liberados antes del pronunciamiento del Tribunal, y un ciudadano australiano; los tres capturados en Afganistán y hechos prisioneros en Guantánamo; *b*) *Habib v. Bush,* que se refiere a un ciudadano australiano capturado en Pakistán; *c) Al Odah v. United States,* que concierne al *habeas corpus* a favor de doce ciudadanos kuwaitíes capturados en Afganistán o en Pakistán. Las otras dos sentencias, *Hamdi v. Rumsfeld* y *Rumsfeld v. Padilla,* se refieren a ciudadanos estadounidenses (Hamdi y Padilla, el primero recurrente y el segundo demandado) hechos prisioneros en centros de detención que se encontraban en territorio estadounidense (Charleston, Carolina del Sur) bajo la res-

---

59 Consúltese el pronunciamiento del Tribunal Supremo que admite el *certiorari, Al Odah v. United States,* 321 F.3d Rasul II, 124 S.Ct.534, 2003: «Whether United States Courts lack jurisdiction to consider challenges to the legalty of the detention of foreign national captured abroad in connection with hostilities and incarcered at the Guantanamo Bay Naval Base, Cuba».

60 Para una reconstrucción de los casos procesales relativos a estos supuestos y para un análisis cuidado de las sentencias de los Tribunales inferiores véase, C.M. AMANN, *Guantanamo,* en *Columbia Journal of Transnational law Association,* 2004, 263-348; E. CHEMERINSKY, *Rounding up unusual suspect: human Rights in the Wake of September 11: Ignoring the Rule of Law: the Courts and the Guantanamo Bay,* en *Thomas Jeffeson Law Review,* 2003, 303-412. Véase además, las numerosas *Briefs of Amicus Curiae,* que han sido sometidas a la atención del Tribunal Supremo en la página web: www.bepress.com/ilj.

ponsabilidad del Departamento de Defensa. En adelante, y por comodidad expositiva, las tres sentencias del Tribunal Supremo serán citadas como *Rasul, Hamdi, Padilla*[61].

En los tres casos, el Gobierno estadounidense ha reivindicado su autoridad para arrestar a los "enemigos combatientes" (*enemy combatants*), que sean extranjeros, residentes o ciudadanos americanos, hasta el fin de la hostilidad, o indefinidamente. Además, el Gobierno ha afirmado su poder de negarles las garantías fundamentales de un proceso justo, incluso el derecho de ser asistido por abogado, el derecho de recurrir su causa frente a un tribunal americano, el derecho a ser juzgado por un jurado popular, el derecho a no declarar contra sí mismo y el derecho de *habeas corpus*. Fuera de las diferencias que existen, bastante significativas, resaltaremos que las tres sentencias del Tribunal Supremo afrontan una serie de cuestiones verdaderamente centrales para un Estado de Derecho: el acceso al sistema judicial por parte de los detenidos, y por tanto, el respeto al *habeas corpus*, que impone el control sobre las limitaciones de la libertad personal decididas por el Ejecutivo; el respeto de la *due process clause*, que informa los criterios procedimentales en virtud de los cuales el principio se realiza a través de la garantía de una asistencia legal y el derecho a ser juzgado en un tiempo razonable por un juez imparcial. Además, para comprender el significado de las sentencias de Guantánamo, y el peso determinante que éstas ejercen sobre el equilibrio constitucional estadounidense, resulta necesario poner de manifiesto cómo las mismas han supuesto una limitación efectiva de los poderes excepcionales concedidos al Presidente por el Congreso el día siguiente al 11 de septiembre. En efecto, el Tribunal no niega la autoridad

---

61 Para completar, damos cuenta de la denominación precisa de las sentencias: *a)* Shafiq Rasul y al. V. George W.Bush, President of united States, y al. On Writ of Certiorari to the United States Court of Appeals for the District of Columbia Circuit, n. 03-334, 28 de junio 2004; *b)* Hamdi y al. v. Rumsfeld, Secretary of Defence, et al. on Writ of Certiorari to the United States Court of Appeasl for the Fourth Circuit, n.03-6696, 28 de junio de 2004; *c)* Rumsfeld, Secretary of Defense, et al. v. Padilla et al. on Writ of Certiorari to the United States Court of Appeals for the Second Circuit, n.03-1027, 28 de junio de 2004 (todas pueden consultarse en la página web: www.supremecourtus.gov).

del Ejecutivo en un momento de emergencia, ni cuestiona el estado de excepción, pero, aún así, interviene para reafirmar la inviolabilidad del derecho que toda persona tiene a proteger su libertad personal, y de este modo interviene materialmente sobre la actuación gubernativa[62].

Pasemos ahora a analizar individualizadamente las sentencias del Tribunal Supremo.

a) En la sentencia *Rasul*, el Tribunal dispone para todos los detenidos, sean éstos extranjeros o estadounidenses, el derecho a recurrir ante un Tribunal federal de Estados Unidos con un *writ of habeas corpus*. De este modo, el Tribunal desmantela la decisión de la *D.C.Court of Appeals*[63], y rechaza las posiciones del Gobierno, que apelaban al precedente de *Johnson v. Eisentrager*, confirmando la extraterritorialidad de la base de Guantánamo («los tribunales estadounidenses no disponen de potestad de jurisdicción respecto a la petición de *habeas corpus* presentadas por extranjeros situados en el extranjero y detenidos fuera del territorio soberano de Estados Unidos»). Tras haber recordado y subrayado la importancia de la función históricamente asumida por el instituto del *habeas corpus*, y por tanto, su contribución al fin de controlar la legitimidad de los arrestados por el Ejecutivo, tanto

62 Para un primer análisis de las sentencias del Tribunal Supremo, váse D. GOLOSE, *United States: The Bush administration's "war on terrorism" in the Supreme Court*, en *International Journal of Constitutional Law*, 3, 2005, 128-146. Diversos son los comentarios en la literatura italiana: T.E. FROSINI y C. BASSU, *La libertà personale nell'emergenza costituzionale*, cit., 95 ss.; S. SANTOLI, *USA: Eppur (r) esistono. Habeas corpus, due process of law, checks and balances. In margine alle sentenze della Corte Suprema del 28/6/2004*, página web: www.forumcostituzionale.it/telescopio; A. DE PETRIS, *Guantanamo: un buco nero nella "terra della libertà"*, cit.; F. LANCHESTER, *La Corte Suprema e l'emergenza*, página web: www.associazionedeicostituzionalisti.it/dibattiti/vicendeinternazionali; A. BENAZZO, *L'emergenza nel conflitto fra libertà e sicurezza*, cit., 175 ss.; M.E. DE FRANCISCIS, *In margine alle sentenze sul caso dei detenuti di Guantanamo: la ragioni di Stato e le garanzie processuali negli USA*, en *Rassegna Parlamentare*, n. 2, 2005, 427 ss.; L. FABIANO, *Garante dei diritti e giudice dei poteri: il doppio volto della Corte Suprema nelle sentenze "Guantanamo"*, en *Diritto Pubblico Comparato ed Europeo*, n. 1, 2005, 104 ss.

63 *Al Odah v. United States, cit.; Rasul v. Bush*, 215 Supp. 2nd 55, *District of Columbia Court of Appeals* (2002).

en tiempo de paz, como en tiempo de guerra, el Tribunal a través del juez Stevens, redactor de la sentencia, afronta la cuestión relativa al hecho de si el *habeas corpus* resulta válido también en un territorio como el de Guantánamo, en el cual Estados Unidos ejercita su jurisdicción de forma completa y controla (*«complete jurisdiction and control»*), pero no la plena soberanía (*"ultimate sovereignty"*), así como regula el Tratado de 1903 entre Cuba y Estados Unidos.

El Tribunal pone de manifiesto rápidamente como el caso Rasul difiere del precedente de *Eisentrager*, sobre el cual se habían basado las sentencias desestimatorias de los tribunales inferiores. Veamos. Punto primero, desde un punto de vista objetivo, en la sentencia de 1950 el Tribunal había destacado la ausencia de los *constitutional entitlements*de los prisioneros relativos a las peticiones de revisión judicial de sus detenciones, y después, se limitó a constatar la ausencia de indicaciones ulteriores en la legislación de entonces. Punto segundo, desde la perspectiva subjetiva, en el actual caso *Rasul* no se trata de ciudadanos de países en guerra con Estados Unidos, que no han sido llevados ante un tribunal y que han sido detenidos durante otros dos años en un territorio sobre el cual Estados Unidos ejercita «jurisdicción completa y control»; por el contrario, en el caso *Eisentrager* se trataba de detenidos que eran enemigos capturados como prisioneros de guerra, y como tales, procesados por una Comisión militar situada fuera del territorio estadounidense. Punto tercero, desde el punto de vista de la competencia, por cuanto se refiere a la aplicación extraterritorial de la ley del *habeas corpus*, el Tribunal ha rehecho un precedente suyo que supera al de *Eisentrager*, ya mencionado. Se trata del caso *Braden v. 30th Judicial District Court of Kentucky* (410 U.S. 484) de 1973, en el cual se había establecido que la presencia física de un prisionero en territorio donde se ejercita la jurisdicción de un tribunal federal, no representa un "requisito irrenunciable" para reconocer al sujeto interesado su derecho al *habeas corpus*. Es suficiente –argumentaba el Tribunal en *Braden*– que el asunto que tiene en custodia el detenido recurrente, esté subordinado a las garantías procesales en materia de *habeas corpus*, y que, por tanto, un Tribunal estadounidernse pueda juzgar su conducta. Por lo tanto, los recurrentes *Rasul et al.* tienen pleno derecho a pedir la conformidad a la legalidad de sus detenciones, recurriendo ante una jurisdicción estadounidense, dado que quienes los tienen en custodia como detenidos, están sometidos a las leyes federales estadounidenses, y que su conducta puede ser sometida a juicio ante un órgano jurisdiccional estadounidense. La base de Guantánamo está sujeta a la «jurisdicción completa y control» de Estados Unidos y, por tanto, queda bajo la competencia de la jurisdicción territorial de Estados Unidos, prescindiendo de la soberanía que sobre ésta ejercita Cuba.

En la opinión mayoritaria del juez Stevens se apoyan dos opiniones, una coincidente y otra discrepante. En la *concurring opinion* del juez Kennedy, aparece de nuevo el caso *Eisentrager* para demostrar como éste no puede aplicarse al caso *Rasul*; en efecto, se distingue entre detenidos extranjeros ciudadanos de un Estado enemigo, que no pueden ostentar ningún derecho, y prisioneros de Guantánamo, entre los cuales se encuentran los "*friends and foes alike*", que por ello no pueden permanecer retenidos indefinidamente sin ser procesados. Y por tanto, las «necesidades militares» de la Ordenanza militar del Presidente (de 13 de noviembre de 2001), ya no pueden razonablemente ser invocadas como justificación[64]. De particular interés resulta pues la apasionada *dissenting opinion* del juez Antonino Scalia[65], que prevé "*disastrous consequences*" a causa de esta decisión. Como éste sostiene: «El Tribunal coloca una trampa al Ejecutivo, sometiendo Guantánamo a la competencia de los Tribunales federales [...] y deja completamente sin sentido la decisión de hacer de Guantánamo el lugar de detención para prisioneros de guerra no ciudadanos americanos». Efectivamente, según Scalia en base a esta decisión todos los prisioneros de Estados Unidos, detenidos no sólo en Guantánamo, sino en todo el mundo, podrán llevar al Gobierno frente a un Tribunal federal con un enorme gravamen burocrático de la judicatura americana y la consecuente pérdida de eficiencia del sistema, y añade que «visto que la jurisdicción y el control derivados de un contrato de arrendamiento no son diferentes de la jurisdicción y el control adquiridos por medio

---

64 *Rasul v. Bush*, 124 S.Ct. 2686 (Kennedy, *concurring*).

65 *Rasul v. Bush*, 124 S.Ct. 2701 (Scalia, *dissenting*)

de un uso legal de la fuerza, regiones completas de Afganistán e Irak deberían por lógica ser consideradas como sujetos a nuestra legislación interna».

Efectivamente, afirmar - como hace la mayoría del Tribunal - que los detenidos en la base de Guantánamo son titulares de derechos que no son reconocidos a quien es tenido prisionero en Irak, según la opinión de Scalia, parece arbitrario y carente de fundamento. Sin embargo, resulta también cierto que esta no es argumentación suficiente para justificar la vulneración de derechos individuales por parte del Gobierno. De hecho, aunque grave pueda resultar la pérdida de eficiencia causada por el aumento de recursos para la protección de las libertades personales, ésta no puede considerarse un elemento legitimador de la violación de un derecho fundamental de la persona[66]. Sobre este punto, *ad adiuvandum*, puede mencionarse la *dissenting opinion* del juez Hugo Black en el caso Eisentrager, donde venía a subrayar como el derecho a la protección del *habeas corpus* debe garantizarse a todos, independientemente de nacionalidad y del lugar de la detención, porque de otro modo el Gobierno eludiría su responsabilidad y la obligación del *due process of law,* simplemente eligiendo cuidadosamente la cárcel donde recluir a los prisioneros[67].

b) La sentencia Hamdi es, ciertamente, la más articulada y significativa de las tres decisiones, como se ha expuesto anterior-

---

66 Consúltese R. DWORKIN, *What the Court Really Said, op.cit.*, 28: «No doubt our police would be more efficient in preventing crime, and we would all be safer if we ignored the rights of due process at home. The world is shocked by our willingness to abandon what we claim to be our most fundamental values just because our victims are foreigners».

67 *Johnson v. Eisentrager* (Black, *dissenting*). Según lo que sostiene Lord Bingham en la *Romanes Lecture* que tuvo lugar en Oxford el 15 de octubre de 2002, «desde la *section* 11 del *Habeas Corpus Amendment Act* de 1679 privado al monarca de eludir el privilegio estatuido por la Carta Magna optando por detener a alguién en 'islas remotas, presidios y otros lugares' lejanos de la madrepatria británica, para sustraerlo de la posibilidad de recurrir ante el juez; por tanto, la cuestión de naturaleza territorial de una base militar como Guantánamo había sido planteada y resuelta hace ya tres siglos»; cfr. G. BUONUOMO, *L'ordinamento giuridico internazionale dopo Guantanamo*, en *Questione Giustizia*, n. 2, 2005, 341, nt. 77.

mente, «en alguna parte [de la sentencia] asume un tono épico, por lo que es previsible que permanezca como un *standard* de estudio en las Law school»[68]. El Tribunal había sido llamado a pronunciarse esencialmente sobre dos cuestiones: la primera, si Estados Unidos puede mantener detenido, y en caso afirmativo, por cuánto tiempo, a un ciudadano considerándole un "enemigo combatiente" (*enemy combatant*), sin acusarlo de ningún crimen; el segundo interrogante, si un detenido niega su *status* de *enemy combatant*, si puede valerse del derecho de habeas corpus, y en tal caso, de qué forma[69].

El Tribunal, con la excepción del juez Clarence Thomas, ha considerado ilegal *a principio* la detención de casi dos años impuesta al ciudadano americano Hamdi, sosteniendo que tal re-

---

68 Así, F. LANCHESTER, *La Corte Suprema e l'emergenza*, cit.

69 El caso de Yaser Esam Hamdi puede sintetizarse del siguiente modo. Nació en Estados Unidos, Louisiana, si bien vivió principalmente en Arabia, Hamdi fue capturado en Afganistán en 2001 y transferido a Guantánamo en 2002. Después de darse cuenta de que se trataba de un ciudadano americano, el Gobierno transfiere a Hamdi a una cárcel militar del Carolina del Sur, sosteniendo que se trata de un *enemy combatant*, que puede ser detenido indefinidamente sin asesoramiento legal y sin precisar acusación. El padre de Hamdi presenta en 2002 recurso de habeas corpus ante un tribunal de distrito de Virginia, que ordena a las autoridades ofrecer asistencia legal al detenido. El Tribunal de apelación del cuarto circuito revoca esta decisión, siteniendo en términos críticos que el juez de primera instancia no había tenido en cuenta los intereses de seguridad nacional. Frente al Tribunal de apelación el Gobierno presenta también la declaración de Michael Mobbs, asesor del Secretario de Defensa, en la que viene a describir las circunstancias del arresto de Hamdi, así como un serie de testimonios sobre su participación en el ejército talibán, lo que justifica su *status* de *enemy combatant*. Esta prueba fue considerada insuficiente por el Tribunal de distrito; entonces, el Tribunal de apelación funda su posterior y definitiva respuesta en los "objetivos vitales" de la detención sin acusación de un *enemy combatant*, cuyo fundamento deriva "directamente de los poderes de guerra definidos en los artículos I y II de la Constitución", y rechaza, además, la aplicación de la Convención de Ginebra. En definitiva, sobre la base del precedente *Ex parte Quirin*, establecido por el Tribunal Supremo en 1942, el Tribunal niega que la ciudadanía del recurrente, capturado en zona de guerra ("*in a theather of military action*") en el extranjero, le dé derecho sobre el plano constitucional a cualquier cosa que vaya más allá de una investigación judicial en la que se establezca que su arresto derive del ejercicio correcto de los poderes de guerra del Ejecutivo.

clusión habría sido legítima sólo si la calificación como *enemy combatant* hubiera sido aceptada por un tribunal. El hecho de que a Hamdi se le haya negado la posibilidad de defenderse ante un juez, constituye una indudable violación del principio constitucional al *due process of law*[70]. La ley federal, efectivamente, prevé que ningún ciudadano pueda ser retenido y recluido por los Estados Unidos, a menos que ello se haga a la luz del dictado de un *act* del Congreso[71]. Pero la *Authorization for Use of Military Force Act*(denominada, "AUMF"), aprobada por el Congreso al día siguiente del 11 de septiembre, ¿no confiere al Presidente el poder de detener prisioneros, capturados en batalla hasta el fin de las operaciones militares, para impedir que estos se una al enemigo, y así combatir?[72]. El juez redactor de la decisión, Sandra Day O'Connor, observa incluso que el Tribunal no tiene que comprobar si, a la luz del AUMF del Congreso, el Presidente tiene o no la autoridad de detener *enemy combatants,* sino que más bien debe juzgar si el poder del Ejecutivo de mantener en reclusión individuos sin un proceso regular vulnera o no la V Enmienda, que prevé que «*no persons may be deprived of liberty without due process of law*». Por tanto, la cuestión es de naturaleza estrictamente constitucional, y sólo puede resolverse consiguiendo un equilibrio entre la necesidad de preservar la seguridad nacional, puesta en peligro por los ataques terroristas, y la pretensión de evitar el grave daño ocasionado a una persona que se encuentra injustamente en prisión durante un periodo de tiempo indefinido. En opinión de O'Connor, con el fin de lograr "*the proper balance*" resulta necesario que un ciudadano detenido, que no se identifica con la catalogación de *enemy combatant*, deba ser puesto al corriente de los elementos, en base a los cuales la clasifi-

---

70 *Hamdi v. Rumsfeld*, 542 U.S.(2002), (Day O'Connor, *controlling*)

71 *Emergency Detention Act, Statute*, aprobado por el Congreso americano en 1950, para prevenir la repetición de casos de detención similares a aquellos efectuados por el Gobierno en relación con americanos de origen japonés durante la segunda guerra mundial.

72 *Authorization for Use of Military Force Act, cit*. Sobre esta cuestión, y la problemática con ella relacionada, véase el amplio ensayo de D.A. BRADLEY y J.L. GOLDSMITH, *Congressional Authorization and the War on Terrorism*, en *Harvard Law Review*, n. 7, 2005, 2047-2133.

cación ha sido aplicada, y tenga la oportunidad de contradecir las acusaciones del Gobierno frente a un "*neutral decisionmaker*". Sin perjuicio de que los "tribunales neutrales" a los que se hace referencia, no deben ser necesariamente tribunales ordinarios, sino que es suficiente con que sean «comisiones militares apropiadamente autorizadas para constituirse propiamente», que respeten un proceso justo. Porque «en ausencia de tal proceso, de todos modos, un Tribunal que reciba una petición de *habeas corpus* de un presunto combatiente enemigo, debe asegurar la presencia de los requisitos mínimos del *due process of law*»[73]. El Juez O'Connor sugiere, además, que se invierta el criterio ordinario de la carga de la prueba, de modo que no sea el Gobierno quien tenga que demostrar que un detenido es un *enemy combatant*, sino que, por el contrario, el prisionero debe probar su condición extraña a esta categoría. Esta opción es aconsejada por el hecho de que se considera injustamente gravoso solicitar a los militares la preparación de *dossiers* elaborados para cada sujeto encarcelado, que describan pormenorizadamente las circunstancias de su captura y enumeren las razones. Además, está claro que evitando el cumplimiento de este propósito, se obtiene una protección menor de los detenidos[74].

Un punto importante de esta decisión está representado por la afirmación de O'Connor: «que la detención durante tiempo indeterminado con el objetivo de interrogar no está autorizada». El Juez se refiere a la comisiones militares de las que se sirven las Fuerzas Armadas para decidir si puede aplicarse a los sujetos capturados el *status* de prisionero de guerra; estos tribunales deben elegir entre declarar a un detenido prisionero de guerra, o bien clasificarlo como "*civilian interne*", esto es, un sujeto que por razones de seguridad o porque existe la posibilidad de que liberado pueda obstaculizar las investigaciones, debe ser detenido. Los "*civilian internees*" pueden ser procesados y condenados por tribunales castrenses, asistidos por abogados de confianza, por haber cometido actos hostiles para Estados Unidos, si bien respecto a ellos se permite alguna forma de coerción física y mo-

73 *Hamdi v. Rumsfeld, cit.*, 542 U.S.(2004), (Day O'Connor, *controllig*).

74 Cfr. R. DWORKIN, *What the Court Really Said*, en *The New York Review of Books*, n. 13, 2004, 26 ss.

ral, y cualquier limitación del derecho a la comunicación con el mundo exterior debe ser excepcional y provisional[75]. A la luz de esto, O'Connor sostiene que sometiendo a Hamdi a continuos interrogatorios coercitivos, el Gobierno no ha respetado los *standard* mínimos previstos en la sentencia para garantizar el *due process of law*; efectivamente, estos *standard* legitiman la detención de *civilian internees* sólo para evitar que una vez liberados éstos vuelvan a atacar a Estados Unidos. Sustancialmente, la detención es legal sólo si resulta necesaria para salvaguardar la seguridad nacional. En efecto, como afirma O'Connor, «Es justo en los momentos más turbulentos e inciertos cuando el deber de nuestra Nación de permitir un proceso justo resulta más duramente sometido a prueba; y es en estos momentos cuando debemos preservar nuestros principios, los mismos por los cuales combatimos en el exterior».

El juez O'Connor confirma la vulneración por parte del Gobierno del *due process of law*, y focaliza la atención sobre la obligatoriedad de una fase procesal en la que se determine el *status* de los prisioneros, de la que dependen los plazos de una eventual detención: «Durante más de un siglo, el significado central del procedimiento del proceso justo ha estado claro: 'las partes, cuyos derechos pudiieran estar afectados, tienen derecho a ser escuchados, y para garantizar este derecho es necesario que sean informados de las acusaciones'. Es igualmente fundamental que el derecho a la comunicación y la oportunidad de ser escuchados sean concedidos en un margen de tiempo justificado y de manera significativa».

En su argumentación, O'Connor no especifica las condiciones de la detención, sin embargo, la necesidad de un trato humano se deduce del mecanismo del equilibrio de intereses realizado. En base a este mecanismo, el requisito imprescindible del procedimiento legal se prevé que tenga lugar, tanto para garantizar el interés del Gobierno al objeto de preservar la seguridad, como para evitar el enorme daño causado a quien sufre una detención injusta en virtud de una definición de *status* errónea. La entidad del daño es directamente proporcional a la dureza del

75 Véase, *Army Regulation 190-8, Enemy Prisoners of War, Retained Personnel, Civilian Internees and Other Detaines, sections* 1-6 y 5-1, página web: www.usmilitary.about.com.

trato que el recluso está obligado a afrontar, y por esta razón los detenidos deberían estar sujetos por lo menos a las mismas condiciones previstas para los prisioneros de guerra[76]. En este sentido, el juez Souter, en su *concurring opinion*, afirma que el Tribunal tendría razón para sostener que la *Authorization for Use of military Force* (AUMF) del Congreso bastaría para hacer legítima la detención de Hamdi sólo si el Gobierno lo tratase como un prisionero de guerra, condición ésta que no acontece en la realidad de los hechos[77]. Por tanto, en opinión del juez Souter, Hamdi sería liberado, en cuanto la AUMF no cumpliera los requisitos del *Non Detection Act* (18 U.S.C., par. 4001 a), según la cual queda prohibida la detención de un ciudadano «*except pursuant to an Act of the Congress*», que requiere «*a congressional enactment that clearly authorized detection or imprisonement*».

La sentencia resalta un aspecto muy importante, que se atiene más propiamente a la garantía del principio de separación de poderes frente a un desbordamiento peligroso del Ejecutivo, incluso en situaciones de emergencia. Como escribe O'Connor, citando extractos de notas de la sentencia del Tribunal: «un estado de guerra no representa un cheque en blanco (*a blank check*) para el Presidente cuando estén implicados los derechos de los ciudadanos [...] Tampoco el poder de la guerra puede superar los límites que garantizan las libertades constitucionales» y que «cualquier poder que la Constitución americana confiere al Ejecutivo, cuando se trata de la política exterior o de conflictos bélicos, ésta prevé sin duda el papel para los tres poderes cuando se encuentran en juego las libertades individuales»[78].

---

76 R. DWORKIN, *op.cit.*

77 *Hamdi v.Rumsfeld, cit.*, (Souter, *concurring*); el Gobierno afirma que los detenidos de Guantánamo, no obstante, no son considerados prisioneros de guerra, el trato a ellos reservados es asimilableal previsto para tal categoría; incluso la información recogida de los testimonios y los hechos contados por ex prisioneros representan un cuadro totalmente diferente. V. la declaración del Secretario de Defensa Donald Rumsfeld durante una visita a la base de Guantánamo el 27 de enero de 2002, página web: www.defenselink.mil/news/Jan2002/n01272002_200201271.html.

78 V. *Hamdi v. Rumsfeld*, cit., (Day O'Connor, *controlling*). Los pasajes mencionados se refieren, el primero, a la sentencia *Youngstown Sheet & Tube Co v. Sawyer (Steel Seizure Case)* de 1952 (pero véase también: *Home Building & Loan Assn v.*

c) La tercera y última sentencia es la *Padilla*[79], aparentemente centrada completamente en las cuestiones procedimentales. En efecto, el Tribunal Supremo ha reenviado la causa a un tribunal inferior, sosteniendo un vicio de competencia del Tribunal de apelación que se había pronunciado sobre el caso. Conviene resumir brevemente el caso. José Padilla es un ciudadano americano que tras haber vivido durante cuatro años en Oriente Medio, en 2002 regresa a Estados Unidos y es arrestado en el aeropuerto de Chicago, bajo la acusación de ser un partidario de "Al Qaeda" implicado en la organización de atentados. Padilla es encarcelado en New York y le es asignado un abogado de oficio que niega la acusación frente al Tribunal del distrito federal neoyorquino; sin embargo, en este momento el Gobierno declaro a José Padilla *enemy combatant* y lo trasladan a una cárcel militar en Carolina del Sur, donde permanece recluido durante más de dos años completamente aislado del mundo exterior y sin posibilidad de comunicar con su abogado[80]. Sin embargo, inmediatamente des-

Braisdell de 1934, donde se afirma que «también el poder de guerra no elimina los vínvulos constitucionales que presiden las libertades esenciales») y el segundo pasaje, a la sentencia *Mistrella v. United States* de 1989, como revela puntualmente A. BENAZZO, *L'emergenza nel conflitto fra libertà e sicurezza*, cit., 184, nt.318.

79 V. *Rumsfeld v. Padilla,* 542 U.S.(2004), *concurring opinion* del *Chief Justice* Renhquist y de los *Justices* Scalia, O'Connor, Kennedy, Thomas; d*issenting* de los *Justices* Stevens, Souter, Gisnburg, Breyer.

80 C. BONINI, *Guantanamo. USA, viaggio nella prigione del terrore*, cit., 113: «Cuando le arrestan [a Padilla] en el aeropuerto O'Hare de Chicago, un escalofrío recorre el mundo. El Departamento de Justicia y el FBI anuncian haber capturado al hombre que preparaba un segundo 11 de septiembre. Es posible mayor e indescriptible terror. Una bomba afrenta. Un rudimentario orden nuclear capaz de transformar en el desierto la vida de un ángulo del país. Por lo poco que es posible comprender, la acusación se apoya en una serie de documentos sacados de internet, con los que Padilla es encontrado en posesión. Sobre una serie de encuentros que el mismo Padilla habría tenido con indeterminados emisarios de Al Qaeda en una también indeterminada localidad fuera de los confines americanos. En junio de 2002 el Presidente Bush declara que Padilla es "un serio peligro para la seguridad nacional" y para él se spalanca la sepultura en la base naval de Charleston, Carolina del Sur». Subre los aspectos jurídicos procedimentales de la cuestión de Padilla, consúltese M. MIRAGLIA, *Paura e libertà* (*Legislazione antiterrorismo e diritti di difesa negli Stati Uniti)* en *Questione Giustizia*, n. 2-3, 2004, espec. 304 ss.

pués del traslado a Carolina del Sur del abogado de Padilla, en calidad de "*close friend*", presenta una *petition of habeas corpus* en el Tribunal Federal de New York indicando como "*defendant*" al Secretario de Estado Donald Rumsfeld. El Tribunal rechaza la instancia sosteniendo que el Presidente y sus más altos colaboradores no sean llevados ante un tribunal para justificar la denominación de un prisionero como *enemy combatant* efectuadas por ellos mismos. La *Second Circuit Court of Appeals* modifica el pronunciamiento afirmando que, por el contrario, el Gobierno no tiene el derecho de detener a Padilla sin presentar contra él acusación formal. En este punto, el Gobierno apela ante el Tribunal Supremo que, cinco veces frente a cuatro, anula la decisión de la *Second Circuit Court*.

El *Chief Justice* Rehnquist en la *controlling opinion* ha puesto de relieve como el abogado de Padilla había equivocado los extremos del recurso, y ello, por dos tipos de motivos. El primero, porque según el *Federal habeas Corpus Statute*, los detenidos se reservan citar en juicio a su "*immediate custodian*", que, en el caso en cuestión, habría debido ser Melanine A. Marr, comandante de la base naval en la que Padilla fue detenido, y no cualquier alto oficial, ni siquiera el Secretario de Estado. El segundo motivo se refiere al hecho de que la *petition for habeas corpus* había sido presentada ante el Tribunal Federal de New York, y no, en cambio, como debería ser, ante un tribunal de distrito federal en el que el detenido fue recluido[81], que en este caso sería el de Carolina del Sur. Efectivamente, la decisión del Tribunal en el caso Padilla no tiene solamente un alcance procedimental, porque el Ejecutivo puede efectivamente elegir el fuero competente (*forum giudicante*) simplemente deteniendo a los prisioneros en una zona determinada, entonces no es inverosímil que los *enemy combatants* sean trasladados a un distrito jurisdiccional tradicionalmente cercano

81 En la *controlling opinion,* Rehnquist cita un precedente del Tribunal Supremo de hacía más de un siglo, en el que se preveía que "proper defendant in a habeas corpus proceeding is the jailor or some person who has the inmediate custody of the party detained, and the proceeding must be brought where the jailor is to be found", véase el caso *In the Matter of Jackson*, 15, Mich, 417, 439-440 (1867).

a las posiciones del Gobierno[82]. En el caso concreto, pues, a la luz de las decisiones del Tribunal que establecen que los detenidos de Guantánamo pueden presentar peticiones de *habeas corpus* ante un tribunal federal americano, no hay que excluir que el Gobierno evite llevar a Guantánamo otros prisioneros eligiendo, más bien, cárceles militares situadas en "*conservative districts*", entre los cuales se encuentra precisamente el de Carolina del Sur.

Frente a la argumentación de la mayoría del Tribunal, el juez Stevens, al que se han unido Souter, Ginsburg y Breyer, ha elaborado una *disseting opinion* particularmente rica en argumentos para reflexionar, que además se sirve de un par de precedentes jurisprudenciales significativos. Se cuestiona si a veces no sea legítimo recurrir a excepciones a la regla procedimental para perseguir un objetivo más importante, que estaría constituido, en este caso, por la creación de un "*forum shopping*". El peligro que se quiere evitar es, sustancialmente, que una de las partes en la causa pueda elegir apelar a una jurisdicción considerada más favorable; lo cual, como ha afirmado Stevens, «constituye una amenaza única y sin precedentes para la libertad de todo ciudadano americano». Se subraya como el Gobierno ha comenzado el procedimiento contra Padilla en New York, para después trasladarlo a Carolina del Sur sólo cuando un Tribunal de New York había ya asumido la jurisdicción sobre su petición de ser puesto en libertad, y sin advertir la defensa legal de sus intenciones con el fin de evitar toda confrontación. En tal sentido, Stevens se refiere a un precedente del Tribunal Supremo *Ex Parte Endo* de 1944, en el cual se había decidido que en el caso de que un recurso de *habeas corpus* fuera planteado ante un distrito jurisdiccional, y después el recurrente fuese trasladado a otro lugar, la competencia para conocer del recurso de *habeas corpus* sería fijada y asignada en base al primer recurso presentado. En fin, vale la pena citar un fragmento del *dissent* de Stevens, a propósito de la detención desatinada prolongada y aislada de Padilla por parte del Gobierno, que se traduciría en una forma de tortura, poniendo de este modo «en discusión nada menos que la existencia de una sociedad libre». Afirma Stevens, «La detención administra-

82 Cfr. R. DWORKIN, *What the Court Really Said*, cit., 29.

tiva de ciudadanos subversivos, como la detención de soldados enemigos en el campo de batalla, puede justificarse a veces para prevenir la amenaza de graves destrucciones. De todos modos, jamás podrá encontrar justificación en el simple interés del uso de sistemas ilegítimos para conseguir información. Una detención aislada prolongada durante meses es, al final, uno de estos sistemas. Si la información obtenida de este modo, sea más o menos esperable respecto a la adquirida por formas más extremas de tortura, no es de ninguna importancia». La conclusión es clara y decisiva: «No se pueden usar las armas de los tiranos ni siquiera para resistir los ataques de las fuerzas de la tiranía»[83].

6. CONSIDERACIONES FINALES

Pocos días después de la sentencia del Tribunal Supremo, el 7 de julio, la Administración estadounidense asume una serie de medidas con la intención de intentar adecuarse con lo decidido por el Tribunal. Entre éstas, destaca la institución del *Combatant Status Review Tribunal*: un tribunal formado por tres oficiales "neutrales", frente al cual los detenidos podrán oponerse al hecho de haber sido clasificado como "*enemy combatants*". A los detenidos se les concederá asistencia de "*personal representatives*", que serán asignados por el Gobierno, y por tanto, no podrán valerse de la asistencia de un abogado de confianza y deberán, más bien, afrontar «*a rebutable presumption in favor of the Government's evidence*»[84]. El comunicado de prensa del Pentágono afirma que estos nuevos tribunales responden plenamente a todos los requisitos exigidos por el Tribunal Supremo; aunque estas afirmaciones contradicen lo acordado en el pronunciamiento sobre el caso Hamdi, en el que se había afirmado y reconocido el derecho del recurrente a disfrutar de asistencia legal en los procedimientos que se afrontaran en el futuro.

El caso Guantánamo, y el eco de éste, no deja de impulsar el debate jurídico y político estadounidense, y no sólo[85]. Aquí nos

83 *Rumsfeld v. Padilla*, 542 U.S.(2004), cit. 2735 (Stevens, *dissenting*).

84 R. DWORKIN, *op. cit.*, 28.

85 Nos estamos refiriendo a cuanto ha sucedido, por ejemplo, en Gran Bretaña con la decisión de la *House of Lords*, que puede interpretarse también como

limitaremos a señalar solamente algunos episodios más significativos para determinadas opiniones.

En primer lugar, algunos pronunciamientos de los tribunales estadounidenses posteriores a las sentencias del Tribunal Supremo, que evidenciaban su discontinuidad, por así decirlo. En efecto, en un primer momento un juez federal de Washington *District of Columbia*, sobre la base de un recurso presentado por cincuenta detenidos en Guantánamo, ha emitido una severa sentencia en enero de 2005, en la que establece que los tribunales militares son inconstitucionales, en la medida en que no respetan los derechos fundamentales de los prisioneros; como afirma el juez Joyce Hence Green, «los procedimientos impulsados por el Gobierno para confirmar que los querellantes son combatientes enemigos sujetos a una detención por tiempo indeterminado violan sus derechos. Algunos detenidos pueden también ser culpables y representar un peligro para Estados Unidos, pero el Gobierno debe aclarar en primer lugar las acusaciones contra ellos»[86]. Esta sentencia fue dictada pocos días después de

---

reflejo de la del Tribunal Supremo estadounidense; veáse la crónica que profundiza en estas cuestiones de C. BASSU, *I Law Lords ritengono illegittime le misure antiterrorismo del Governo Blair*, en *Diritto pubblico comparato ed europeo*, n. 1, 2005, 121 ss. Además, también puede verse la interesante cuestión canadiense expuesta y argumentada por T. GROPPI, *Il Canada dopo l'11 settembre 2001: la ricerca di una 'via canadese' per conciliare sicurezza e diritti*, en *Quaderni costituzionali*, 2005, 573 ss.

86 Sobre esta decisión, véase la crónica de C. BONINI, *"Guantanamo anticostituzionale" un giudice sfida Bush*, en *La Repubblica*, de 1 febrero 2005, que toma algunos párrafos de la sentencia como el siguiente: «La Administración (Bush) está violando uno de los más fundamentales derechos reconocidos por nuestra Constitución en su quinta Enmienda: el derecho a un proceso justo (...) La Administración, efectivamente, no sólo impide a los detenidos el acceso a la prueba que justificaría su status de 'combatiente enemigo'. No sólo niega su derecho a la asistencia legal, sino que en circunstancias concretas también ha argumentado los elementos que contribuyen a calificar a un prisionero como 'combatiente enemigo' sobre declaraciones posiblemente obtenidas con la tortura y otras formas de coerción». Sobre esta decisión, véanse también los comentarios, no sólo favorables, sino incluso entusiastas, de G. ROSSI, *Ai confini della sicurezza*, en *La Repubblica*, de 2 de febrero de 2005 y de E. LESER, *I tribunali militari di Guantanamo sono incostituzionali*, en *Le Monde* de 2 de enero de 2005.

otra decisión de un tribunal federal en la que se afirmaba lo contrario. Efectivamente, en la sentencia de 19 de enero de 2005, el juez Richard Leon había rechazado el recurso de siete detenidos de Guantánamo, y había acordado que éstos permanecieran en la cárcel porque «en ninguna parte de la sentencia del Tribunal Supremo de junio de 2004 se afirma que los detenidos de Guantánamo tuvieran los mismos derechos que los ciudadanos de Estados Unidos».

Además, está la resolución del Tribunal de apelación del *District of Columbia*, de julio de 2005, que ha anulado la decisión de un juez federal de Washington, que había ordenado la interrupción del proceso en relación con Salim Ahmed Hamdan, - un yemení que ejercía de conductor y guardia de Bin Laden, arrestado en Afganistán en 2001 y desde entonces detenido en Guantánamo - frente a un tribunal militar, disponiendo la predisposición de un procedimiento para la valoración del status de prisionero (Hamdan había recurrido, solicitando ser declarado prisionero de guerra). En esta ocasión, el tribunal de apelación ha sostenido la inaplicabilidad de la Convención de Ginebra por parte de los jueces estadounidenses, porque ésta es aplicable sólo en las relaciones entre Estados (y no se aplica, por tanto, respecto a la organización terrorista Al Qaeda), además, que las comisiones militares son constitucionalmente legítimas y, por tanto, el detenido Hamdan puede ser procesado por una de estas comisiones a las que puede solicitar previamente si tiene derecho al *status* de prisionero de guerra[87].

Señalamos, además, algunas polémicas recientemente suscitadas a raíz de las denuncias presentadas por *Amnesty International*, con referencia a los métodos y al trato a los prisioneros adoptados por la Administración estadounidense en la cárcel de Guantánamo, que ha sido definido, por el Secretario general de

---

87 Véase la sentencia de la *Courts of Appeals for the District of Columbia Circuit: Salim Ahmed Hamdan v. Donald H. Rumsfeld*, n. 04-5393, 15 de julio 2005, página web: www.asil.org/pdfs/Hamdanv.Rumsfeld.pdf. Sobre esta decisión, consúltese el comentario de A. CASSESE, *Quella sentenza su Guantanamo*, en *La Repubblica*, de 21 de julio de 2005 y de M. TONDINI, *Hamdan v. Rumsfeld, Se il diritto si svuota dei suoi contenuti*, página web: www.forumcostituzionale.it/contributi/Tondini.htm .

Amnesty, Irene Khan, «como el *gulag* de nuestros días, con el que se arraiga la idea de que las personas puedan ser detenidas sin recurrir a la ley»[88]. Y después, la denuncia de la "Organización para la seguridad y la cooperación en Europa" (OSCE), que ha solicitado, por medio de su comisión para los derechos humanos, la clausura de la cárcel de Guantánamo, también porque la visión de las imágenes de lo que está sucediendo en esta prisión provoca el riesgo de favorecer un adhesión mayor de los jóvenes musulmanes hacia "Al Qaeda" y, por consiguiente, puede representar un incentivo al terrorismo[89]. En definitiva, la cárcel de Guantánamo continúa siendo un serio problema para la Administración estadounidense, hasta el punto de que la misma se está planteando desmantelarla[90].

Hasta aquí la crónica más reciente de algunos aspectos particulares de la cuestión de Guantánamo. Sin embargo, y partiendo de las decisiones del Tribunal Supremo, volvamos a los aspectos generales de la cuestión para desarrollar algunas sintéticas consideraciones finales. Se han planteado algunas críticas frente al Tribunal por no haber sabido, ni querido aventurarse más[91]. En particular, por no haber afrontado, en la sentencia Hamdi, el tema de los *implied power* reclamados por el Presidente, dirigiéndose más bien sobre las cuestiones de la delegación legislativa, y limitándose a "presumir" que las detenciones militares establecidas por el Ejecutivo debían ser autorizadas por el Congreso. En suma, el Tribunal no ha reconocido el principio de necesidad, o

---

88 Esta acusación ha suscitado, como era previsible, una reacción injuriosa para Estados Unidos; v. M. O'HANLON, "*Guantanamo non è simile ai gulag Amnesty chieda scusa all'America*", en *Il Corriere della sera,* de 20 de junio de 2005.

89 Véase la noticia en *Appello dell'Osce: "Guantanamo va chiusa. Aumenta il terrorismo"*, en *Il Corriere della sera*, de 5 de julio de 2005.

90 Véase la amplia noticia recogida en la prensa italiana: "*Guantanamo ora sarà smantellata". Bush vuole trasferire il 70 % dei detenuti in altre carceri o nel Paese d'origine*, en *Il Corriere della sera*, de 7 de agosto de 2005.

91 *Judicial parsimony*, según la definición de J. REISMAN, *Rasul v. Bush,* en *Journal of International Criminal Justice,* n. 2, 2004, 977; v. además, R. SUNSTEIN, *The Smallest Court in the Land,* en *New York Times*, de 4 de julio de 2004, quien sostiene que el Tribunal ha dejado las cuestiones centrales irresolutas; A. BENAZZO, *op.cit.*, 190 ss.; F. LATTANZI, *La protezione internazionale della democrazia,* cit., 34-35; J.C. PAYE, *La fine dello Stato di diritto,* cit., 33 ss.

mejor, lo ha querido someter a examen caso por caso según la técnica del equilibrio. Otras omisiones que se imputan al Tribunal es la de no haber dado en la sentencia un peso justo y relieve al derecho internacional; visto y considerado que esto tenía una incidencia bastante significativa en la cuestión, en cuanto se vulneraba, o desatendían, en algunos de sus actos significativos, al menos, las Convenciones de Ginebra. Además, el Tribunal no sabido (¿o querido?) obligar al Gobierno a aclarar, una vez por todas, el sentido y el alcance de la definición de "combatiente enemigo" y las diferencias con la de "prisionero de guerra", limitándose a reenviar a los tribunales inferiores la delicada labor de comprobar, caso por caso, las exigencias de la seguridad nacional en relación con la protección de la libertad personal, con particular referencia al *status* a aplicar a los prisioneros. El Tribunal Supremo, ¿ha querido (¿o debido?) cumplir una opción minimalista? Quizá, pero como se ha señalado «el minimalismo es una cosa muy apreciable, sobre todo en un momento en que los jueces deben conciliar las exigencias de la seguridad nacional con el compromiso de la libertad»[92]. Las críticas que se vienen planteando a la actuación del Tribunal piden un control intervencionista y decisivo del mismo, que desborda la *political question* y puede considerarse arriesgado para la dinámica del funcionamiento regular de un órgano supremo, y más en general, para la lógica del control de constitucionalidad difuso. Sin llegar a aceptar completamente la afirmación paradójica del juez Brandeis, que afirmaba que «lo mejor que podemos hacer, es no hacer», esto es, que el Tribunal Supremo, al igual que otros Tribunales constitucionales que funcionan en un sistema de democracia liberal, debe tender a una acción de reequilibrio del sistema, sin producir rupturas o sobresaltos muy traumáticos, que podrían tener una repercusión negativa sobre la uniformidad del orden constitucional. En la cuestión de Guantánamo, el Tribunal ha actuado en este sentido, con el conocimiento de que el primer valor que hay que reequilibrar es el de la seguridad nacional. La relación entre la seguridad

92 Así, R. SUNSTEIN, *The Smallest Court in the Land*, cit., 9. La *minimalism theory*, que se contrpone a la *perfectionist* y *fundamentalist*, se desarrolla en el libro de R. SUSNTEIN, *Radicals in Robe: Why Estreme Right-Wing Courts are Wrong for America*, New York, 2005.

nacional, puesta a dura prueba por los ataques terroristas, y la libertad personal sujeta a un giro forzado con los principios del Estado de Derecho. Así pues el problema se sitúa en el deber y saber contar con los dos extremos: libertad personal y seguridad. De este modo, el epílogo de la cuestión de Guantánamo se convierte en una gran lección de Constitucionalismo procedente del Tribunal Supremo. En nombre de la protección de las *civil liberties*, que son el fundamento de todo edificio de democracia constitucional, al limitarlas, atenuarlas o cuestionarlas, se arriesga a producir una grieta irreparable sobre el edificio mismo.

A propósito de la relación entre seguridad y libertad, permítaseme un pequeño paréntesis; hay que reconocer que con la amenaza constante del terrorismo global, al cual le falta cualquier centro de acusación, el Estado y en particular la Constitución adoptan una nueva dimensión que sitúa en primer plano la noción de seguridad. Esta se presenta siempre más como un elemento coexistente a la calidad de la vida de las personas, que es reivindicado y estimado en sí, y no sólo como condición para poder hacer otras cosas o ejercitar otros derechos. La seguridad se convierte en derecho del ciudadano, y aparece en un contexto, en que se compara con otros valores, que definen así las condiciones y los límites dentro de los cuales la seguridad puede ser ejercida. De este modo, la seguridad más que ser un fin en sí, se convierte en un instrumento para incrementar la libertad[93].

En conclusión, fuera de las críticas que puedan hacerse al Tribunal Supremo por haber querido adoptar una posición minimalista, admitido y no concedido, que de esto se trate realmente; sin embargo, no puede apreciarse la importancia de las decisio-

---

93 Recuérdese aquí la posición de MONTESQUIEU en *De l'espirit des lois*, libro XII, cap. 2: «La libertad política consiste en la seguridad, o al menos en la opinión de que se tiene su seguridad. Esta seguridad está nunca amenazada, como en las acusaciones públicas o privadas. Por tanto, de la voluntad de las leyes penales depende principalmente la libertad del ciudadano». Sobre esta cuestión, en el debate actual v. G. MONTEDORO, *Diritto alla sicurezza e sicurezza dei diritti*, en *Aspenia*, 24, 2004, 57 ss., G. DE VERGOTTINI, *La difficile convivenza fra libertà e sicurezza. La risposta delle democrazie al terrorismo*, en *Rassegna Parlamentare*, n. 2, 2004, 427-454 y, si se quiere, T.E. FROSINI, *Il diritto costituzionale alla sicurezza*, en página web: www.dirittocostituzionale.it.

nes asumidas, que han ensalzado y, por tanto, reestablecido algunos aspectos fundamentales del Estado de Derecho[94]. Efectivamente, se han confirmado los principios fundamentales y las prioridades que el ordenamiento debe respetar; se ha aclarado que el principio de separación de poderes no puede impedir al poder judicial intervenir y valorar la legitimidad de la actuación del Gobierno, porque el estado de emergencia y la autorización del Congreso confieren poderes excepciones, pero no ilimitados. Se han protegido las libertades individuales afirmando, en el caso concreto, que el trato reservado por el Gobierno a los prisioneros de Guantánamo es, no sólo moralmente deplorable, sino también prohibido por la Constitución[95]. En consecuencia, se puede afirmar que el Tribunal se ha convertido en garante de los derechos y en juez de los poderes[96]. Para valorar en su conjunto las

---

94 Sobre la concepción del Estado de derecho hoy, v. las relevantes consideraciones de E. DENNINGER, *Lo Stato di diritto o "Rule of law": che cos'è oggi?*, en el libro *In ricordo di Vittorio Frosini*, dirigido por A. Jellamo y F. Riccobono, Milán, 2004, 59 ss.

95 R. DWORKIN, *What the Court Really Said*, cit., 29. A propósito de las sentencias del Tribunal Supremo sobre Guantánamo, y más en general sobre el papel del poder judicial en las situaciones de emergencia, que «sobre el medio periodo se ha podido registrar cierto desquite de Kelsen frente a Schmitt, en el sentido de que el derecho judicial (nacional o supranacional) se ha hecho protagonista de una dinámica reactiva y ha impedido que la decisión *schmittiana* final se identificase con la voluntad del poder político de turno y lo ha sometido, con énfasis ora más cauto, ora más firme, a una consistente mitigación, plegándola a las exigencias, si no al respeto, de los cánones del *habeas corpus* y del *due process of law*»; así, A. DI GIOVINE, *La protezione della democrazia fra libertà e sicurezza*, en el libro *Democrazie protette e protezione della democrazia*, cit., 5. Sobre la labor de los jueces, especialmente de aquellos constitucionales, en la lucha contra el terrorismo para el equilibrio con la protección de los derechos de libertad, cfr. las páginas clarificadoras de A. BARAK, *Democrazia, terrorismo e corti di giustizia*, en *Giurisprudenzia costituzionale*, 2002, ivi, 3390, la afirmación de que «nuestros jueces de las democracias modernas son llamados para proteger la democracia del terrorismo, o bien de los medios que el Estado pretende utilizar para combatir el terrorismo».

96 Así, L. FABIANO, *Garante dei diritti e giudice dei poteri: il doppio volto della Corte Suprema nelle sentenze "Guantanamo"*, cit., 110, que afirma que «El Tribunal Supremo estadounidense tiene más de una faceta: es el fiel de la balanza, pero no sólo eso, sino que es contrapeso de la balanza, pero no solo, es juez de los poderes, pero es también garante de los derechos y de las libertades».

decisiones asumidas por el Tribunal Supremo en la cuestión de Guantánamo, puede utilizarse una vez más la feliz metáfora de Bruce Ackerman, que ve a los jueces del Tribunal Supremo como los pasajeros sentados en el último vagón del tren de la vida política nacional, con la mirada dirigida al paisaje *retrosttante*; por tanto, su funciones consisten en reconducir el territorio jurídico hacia la unidad y la coherencia atravesado, que se ha consolidado por el tren. Sin embargo, en los momentos de incertidumbre, esto es, cuando el paisaje se convierte en irreconocible y el tren se aventura en territorios ignorados, los jueces del Tribunal Supremo tienen la labor de frenar, obligando así al conductor del tren y demás pasajeros para comprobar sus propósitos[97].

En efecto, el Estado de Derecho se ha detenido en Guantánamo, pero después, ha partido desde Washington, sede del Tribunal Supremo.

97 Cfr. B. AKERMAN, *Constitutional Politics/Constitutional Law*, en *Yale Law Journal*, vol. 99, 1989, 453, (ya mencionado en T.E. FROSINI y C. BASSU, *La libertà personale nell'emergenza costituzionale*, cit., 101).

La reforma del Senado italiano: luces y sombras*

*   Traducido del italiano por Yolanda Gómez Lugo *(Universidad Carlos III)*.

1. El 16 de noviembre de 2005 el Parlamento italiano ha aprobado, según el procedimiento previsto por el artículo 138 del texto constitucional, una modificación importante que afecta a la segunda parte de la Constitución. Sin embargo, para que la reforma sea definitiva —teniendo en cuenta que ya ha sido aprobada por la mayoría absoluta de las Cámaras— y se convierta en una nueva norma constitucional, es necesario el voto favorable del cuerpo electoral expresado mediante *referéndum*[1]. Entre las más significativas novedades de la reforma constitucional se encuentra la modificación del Senado, que pasaría a convertirse en «federal» y, por tanto, representativo de las Regiones. En relación con las que pueden ser las reservas críticas al nuevo Senado federal, que examinaremos en este escrito, debemos advertir sin embargo que emergen también algunos aspectos positivos, en particular uno, se pone fin al bicameralismo perfecto y paritario. ¿No era este uno de los mayores problemas de la organización parlamentaria italiana? ¿Cuántas veces hemos leído, o escrito, que el bicameralismo italiano representa una anomalía en el panorama de los sistemas parlamentarios europeos, en los que las segundas Cámaras no son una réplica de las primeras, pero tienen, sin embargo, su función específica?[2] Y además, ¿cuántas ve-

---

1 Según el tenor literal del artículo 138 de la Constitución italiana: «Las leyes de revisión de la Constitución y demás leyes constitucionales serán adoptadas por cada una de las Cámaras en dos votaciones sucesivas con intervalo no menor de tres meses, y serán aprobadas por mayoría absoluta de los componentes de cada Cámara en la segunda votación. Dichas leyes serán sometidas a referéndum popular cuando, dentro de los tres meses siguientes a su publicación, lo solicite una quinta parte de los miembros de una Cámara o 500.000 (quinientos mil) electores o 5 (cinco) Consejos Regionales. La ley sometida a referéndum no se promulgará si no fuere aprobada por la mayoría de los votos válidos. No habrá lugar a referéndum si la ley hubiese sido aprobada en la segunda votación en cada una de las Cámaras por una mayoría de dos tercios de sus respectivos componentes.»

2 Cfr. L. PALADIN, *Tipologia e fondamenti giustificativi del bicameralismo. Il caso italiano*, en *Quaderni costituzionali*, n. 2, 1984; F. Rescigno, *Disfunzioni eprospettive di riforma del bicameralismo italiano*, Milano, Giuffrè, 1995.

ces hemos leído, y escrito, que el bicameralismo paritario ralentiza y debilita la actividad legislativa, reduciéndola a una *navette* tediosa donde termina prevaleciendo la mediación, los compromisos, con perjuicio de la eficacia y la claridad del acto legislativo, que debería ser general y abstracto? Aún más, ¿cuántas veces hemos leído, y escrito, que un sistema regional, a mayor razón si acentuado como el actual, necesita de una segunda Cámara privada de la relación fiduciaria con el Gobierno y representativa, en la medida de lo posible, de las autonomías territoriales? Sobre este punto, me gustaría traer a colación las palabras pronunciadas por Costantino Mortati ante la Asamblea Constituyente el 18 de septiembre de 1947: «La reforma regional no estaría completa, sino que se vería frustrada por los motivos y en los términos que han informado las instituciones, desviándose de la finalidad política que la ha promovido, si no encontrase su desarrollo y su situación en el ordenamiento del Parlamento[...] Donde la necesidad de dar a las regiones una voz específica en el Parlamento, de hacer [.] un centro unitario de intereses organizados para hacer valer unitariamente y de modo institucional»[3]. Afirmaciones que medio siglo después, siguen siendo válidas, si no validísimas.

2. Efectivamente, del conjunto del proyecto de reforma constitucional votado por el Parlamento, lo concerniente a la modificación del bicameralismo, con la previsión del Senado federal de la República, es paradójicamente lo más auspiciado, pero al mismo tiempo lo más criticado. Adelantamos ya que la modificación del bicameralismo italiano puede no pasar necesariamente a través de la creación de una segunda Cámara como la alemana, esto es, el *Bundesrat,* compuesta por delegados designados (o revocados) por los gobiernos de los *Laender*. Incluso admitiendo que ésta sea la solución justa, debe afirmarse que el Senado italiano tiene su historia, su tradición constitucional, que no puede anularse radicalmente para convertirlo sólo en una sede de representación de los delegados regionales. Por tanto, sería oportuno para las regiones de carácter institucional, que el Senado, aún siendo «federal», no se convierta en un mero lugar de *«in-*

3 Expresión tomada del volumen de N. Occhiocupo, *La «Camera delle Regioni»*, Milano, Giuffrè, 1975, p. 58.

válidos de la Constitución>, por retomar la abandonada definición de Luigi Palma (que se remonta a 1869 y referida a la reforma del Senado de la época)[4]. Por tanto, desde el punto de vista de la salvaguardia de la tradición constitucional del Senado, y no solo, insisto, que el proyecto de reforma del mismo, al menos en la parte relativa a su composición, es quizá el menos traumático que se podía imaginar, pero al mismo tiempo no tiene en cuenta algunas exigencias de cambio. Más adelante veremos con detalle qué prevé el proyecto de reforma en relación a la composición y organización del Senado y por lo que respecta a los procedimientos legislativos. Sin embargo, previamente quisiera intentar ofrecer una respuesta a un interrogante, que se sitúa en el fundamento mismo del tema objeto de este escrito: ¿cuáles son, especialmente hoy, las razones que inducen a una reforma del bicameralismo, con la introducción de una segunda Cámara que sea lo más representativa posible de las autonomías territoriales, pero que no prescinda del todo de su función parlamentaria? Aquí me limitaré a ofrecer unas respuestas rápidas indicando al menos cuatro de los argumentos más significativos.

2.1. El primer argumento es el relativo a la reforma del Título Quinto de la Constitución, que tuvo lugar en 2001, con la repartición de las competencias legislativas entre el Estado y las Regiones y con la fijación de un amplio catálogo de materias competentes (consúltese el artículo 117 de la Constitución italiana); de ahí, la exigencia de situar formas de representación regionales en una de las dos Cámaras parlamentarias, para consentir la participación en la determinación de la potestad legislativa a favor de la periferia, y evitar la perpetuación de conflictos de atribución entre el Estado y las Regiones sobre la reivindicación de las competencias, que obliga a la Corte Cons-

---

4 Véase, L. PALMA, *La riforma del Senato in Italia*, en *Nuova Antologia*, 1882 (ahora reeditado en el volumen de G. Spadolini, *La riforma del Senato nell'Italia Unita. Fra Depretis e Giolitti*, Firenze, Le Monnier, 1987, p. 49 ss.); consúltese también las importantes consideraciones de Giorgio Arcoleo, constitucionalista, parlamentario y redactor en 1910 de un proyecto de reforma del Senado de la época: G. Arcoleo, *Discorsiparlamentan*, a cargo y con un prólogo de Tommaso Edoardo Frosini, (colección del *Archivio storico del Senato della Repubblica)*, Bologna, il Mulino, 2005.

titucional a desarrollar un rol de suplente legislativo «no solicitado, ni bien acogido»[5].

2.2. Además existe el argumento de la forma de gobierno; en efecto, solo superado el actual bicameralismo paritario es posible modificar (como parece, se pretende hacer) la forma de gobierno parlamentaria en el sentido del denominado *premierato,* que excluye al Senado del circuito fiduciario, quedando la Cámara de los diputados como única titular[6]. Apartando al Senado del poder fiduciario no solo se hace posible el *premierato,* sino que también se evita el peligro, como sucedió en 1994, de la formación de mayorías diferentes en las dos Cámaras.

2.3. El tercer argumento es el que tiene fuerza constitucional, por así decirlo. En efecto, la exigencia de transformar una de las dos Cámaras en una Cámara de las autonomías territoriales lo encontramos en una ley constitucional, la n. 3 del 2001, en su artículo 11. En éste se procede a reformar la Comisión bicameral para las cuestiones regionales, aumentando los poderes y previendo la inserción de representantes de las autonomías locales, pero «*Hasta la revisión de las normas del Título I de la Constitución*». Se trata, pues, de una especie de «promesa constitucional», un empeño que el legislador constitucional ha tomado consigo mismo para reformar el actual bicameralismo paritario transformándolo en diferenciado.

2.4. El cuarto y último de los argumentos es el del federalismo, y se refiere al tipo de Estado que se quiere construir. No obstante, sobre este punto, se advierte que existe una incertidumbre generalizada sobre la calificación jurídica del federalismo, en cambio, existe una certeza constante sobre la organización del mismo, esto es, que todos los Estados más o menos federales o descentralizados internamente prevén una segunda Cámara representativa de las autonomías territoriales. A esta conclusión se

5 Expresión empleada por Gustavo Zagrebelsky, como Presidente de la Corte Constitucional italiana, en la Conferencia de prensa anual que tuvo lugar en enero de 2004: *La giustizia costituzionale nel 2003. Relazione del Presidente Gustavo Zagrebelsky,* en *Giurisprudenza costituzionale,* n. 5, 2004, pag. 3419 ss.

6 Sobre el *premierato* como forma de gobierno, véanse los trabajos recopilados en el volumen *Il Premierato nei governi parlamentari,* dirigido por T. E. Frosini, Torino, Giappichelli, 2004.

llega fácilmente a través de la investigación del Derecho comparado[7]. En efecto, si se examina la estructura del bicameralismo en los Estados federales, se llega a la conclusión de que una de las dos Cámaras del Parlamento está destinada a facilitar la representación de los entes territoriales, o al menos de aquellos entes que tienen potestad legislativa, si bien, las diferencias se refieren a los criterios de elección de representantes y las competencias a éstos asignadas. Con este fin, conviene también puntualizar otro aspecto: una Cámara representativa de las autonomías territoriales se convierte en tal, no tanto y no sólo, por estar compuesta por representantes de los entes descentralizados, sino más bien por las funciones que ésta está llamada a desarrollar. La participación en el procedimiento de formación de algunas leyes, se convierte, efectivamente, en la actividad constitucionalmente más relevante de las Cámaras de las autonomías territoriales; además, se encuentran las actividades ejecutiva, de control y de designación. La participación en el procedimiento legislativo es el dato común a todas las Cámaras representativas de las autonomías territoriales; en cambio, no hay coincidencia por lo que se refiere a las formas de la representación. En efecto, a través de una panorámica del Derecho comparado, podemos destacar la presencia de al menos tres modos de representar. En primer lugar, aquellas en las que los representantes de los Estados coinciden con sus Ejecutivos, en cuanto son nombrados por éstos, revocados y seleccionados entre los miembros mismos de los Ejecutivos, siguiendo el modelo del *Bundesrat* alemán; aquella otra en que los representantes de los Estados son elegidos por sufragio universal por parte de la población de cada Estado, según el modelo de Senado estadounidense (tras la enmienda de 1913); y por último, aquellas en que los representantes del Estados son elegidos por los Parlamentos de los Estados miembros, pero no necesariamente pertenecen a los Parlamentos mismos, según el modelo del *Bundesrat* austriaco. Hay también un cuarto modo de representación de tipo mixto, elección y designación, que encontramos en España y Bélgica.

7 Cfr. T. E. FROSINI, *Federalismo e bicameralismo,* en el volumen. *I percorsi del federalismo,* dirigido por B.Caravita, Milano, Giuffrè, 2004, p. 117 ss.

2.5. Del modo en que las autonomías territoriales entran a formar parte de la Cámara representativa deriva, pues, una serie de problemas que me limito aquí simplemente a señalar. Me refiero al problema del mandato imperativo: está claro que los miembros designados por los Gobiernos territoriales tienen un vínculo de mandato, es decir, están llamados a desarrollar su actividad según un mandato perfectamente precisado que les vincula al órgano que les ha designado; éstos no representan al territorio, sino más bien al Gobierno de los Estados miembro, que no es lo mismo[8]. Bien distinta es la situación de quienes son elegidos por el cuerpo electoral y, en parte, también quienes han sido designados por los Parlamentos de los Estados miembros; aquí el vínculo de mandato se debilita porque la elección postula una determinada forma de libertad de actuación política (al límite se puede prever el *recall);* éstos están llamados a responder de su actuación ante el electorado, o bien ante los Parlamentos que los han designado. El nexo de unión con el territorio existe, pero no es directo porque se fija mediante la elección. En el caso del sistema austriaco, la elección por parte de los Parlamentos de cada Estado hace emerger claramente las relaciones de fuerza partidista presente en el seno de las Asambleas legislativas de cada *Land.*

Por último, un dato relativo a la organización de las segundas Cámaras en los Estados federales es aquel sobre el número de representantes asegurados a cada entidad. Sobre ello la doctrina, sobre todo la alemana, ha elaborado una concepción basada en dos criterios: uno aritmético, según el cual cada ente estatal tiene un número igual de representantes, y otro geométrico, en virtud del cual el número de representantes varía en razón de la población y/o del territorio del Estado miembro. La cuestión no es baladí, y adopta un perfil de la relación entre federalismo y democracia. Está claro que allí donde se privilegia el criterio aritmético, se subraya mayormente una mayor expansión del principio federal; por el contrario, el criterio geométrico se justifica

8 Sobre ello puede consultarse la reciente contribución de R. Scarciglia, *Il divieto di mandato imperativo. Contributo a uno studio di diritto comparato,* Padova, Cedam, 2005.

sobre el principio democrático, donde cada uno cuenta por lo que vale como ciudadano y como parte del territorio[9].

3. A grandes rasgos, estos son algunos de los problemas relativos a una segunda Cámara representativa de las autonomías territoriales. Y son, además, los argumentos que apuestan por una modificación significativa del actual sistema bicameral italiano. Ahora bien, ¿son también los argumentos que se encuentran en el proyecto de reforma constitucional que ha sido aprobado por el Parlamento? Antes de enumerarlos y examinarlos, quisiera, sin embargo, aclarar una cuestión. El proceso de reforma ha producido ya un primer resultado que no puede descuidar, que es el de haber difundido y hecho adquirir conciencia de la necesidad e inderogabilidad de la reforma del Senado. Desde el punto de vista de la cultura parlamentaria, se ha entrado en un orden de ideas según el cual del modo en que está configurado el Senado, no lo estará más, porque cambiarán sus competencias y (probablemente) su representación. Tengo la impresión que este aspecto concretamente comienza a ser advertido sobre todo por los senadores, esto es, por aquellos que «naturalmente» estarían en situación de transformar el Senado y, de este modo, ceder sus prerrogativas. Este me parece un paso adelante que, de cualquier modo, diluye la conocida paradoja de las reformas constitucionales[10].

Es indudable que al cambio debe corresponder el logro de un nuevo orden bicameral que satisfaga las exigencias del sistema federal italiano. Es precisamente en este punto donde venimos a examinar qué prevé el proyecto de Senado federal de la República[11].

---

9 Véase la reconstrucción de F. PALERMO, *Germania e Austria: modelli federali e bicamerali a confronto,* Trento, Universitá degli studi di Trento, 1997.

10 Consúltese, G. ZAGREBELSKY, *Adeguamenti e cambiamenti della Costituzione,* en *Scritti in onore di Vezio Crisafulli,* vol.II, Padova, Cedam, 1985, p. 915 ss.

11 Entre los primeros comentarios al proyecto de Senado federal, puede consultarse M. MANETTI, *Alcune riflessioni sul c.d. Senato federale,* en la página web: www.associazionedeicostituzionalisti/dibattiti: Id., *Il Senato federale all'italiana,* en la página web: www.federalismi.it, n. 8, 2005; R. BIN, *Senato federale? «...ma mi facci il piacere!»,* en la página web: www.forumcostituzionale.it: G. M. SALERNO, *Brevi note sulla composizione e sull'organizzazione del Senato federale*

4. Comenzando por la composición, los senadores elegidos serían 252 y, por tanto, un número reducido respecto al actual, a los cuales se añadirían dos representantes de cada Región y dos para cada provincia autónoma del Trentino Alto-Adige con un total de 42, elegidos, respectivamente, por el Consejo Regional y el Consejo de las autonomías locales. Ciertamente y como recoge el proyecto de ley, los 42 representantes de procedencia territorial «participan en la actividad del Senado federal sin derecho a voto, según las modalidades previstas por su Reglamento», pero en la composición compleja del Senado se van a agregar a los 252 y, por tanto, tendremos 294 senadores en total, por lo tanto, sólo 19 menos que en la actualidad. Omito examinar, limitándome exclusivamente a poner de manifiesto los problemas que podrán plantearse con referencia al *status* de los 42 representantes regionales en el Senado; esto es, deberían considerarse senadores a todos los efectos y, por tanto, gozar de todas las prerrogativas parlamentarias, así como participar en la actividad de designación, por ejemplo de los jueces constitucionales, o bien, podrán estar entre quienes componen la Asamblea de la República que elige al Presidente de la República. Por cuanto se refiere a los 252 senadores, que podremos denominar *pleno iure,* éstos serán elegidos en cada una de las Regiones contemporáneamente a la elección del respectivo Consejo regional. Esto es, significa que el Senado ya no será un órgano intermitente, con duración prefijada, como la Cámara, sino que más bien se convierte en un órgano continuo, cuyos componentes son elegidos simultáneamente con la elección de los Consejos regionales (o provinciales, en el caso de las Provincias autónomas) y permanecen en el cargo hasta la fecha de proclamación de los nuevos senadores de la misma Región o Provincia autónoma. De este modo, habrá no más una verdadera y propia elección del Senado, sino más bien la elección de «grupos» de senadores de una o varias Regiones. Este mecanismo de la simultaneidad electoral entre senadores y consejos regionales podrá también no convencer porque se considera débil para los fines de la creación de una auténtica representación territorial en el Senado; recordemos que resultaba absolutamente necesario

---

nel d.d.l. approvato, con modificazioni, dalla Camera dei deputati, y por último, también la página web: www.federalismi.it, n. 21, 2004.

encontrar un sistema que vinculase los senadores al territorio, a fin que se sintieran expresión del mismo,dado que la designación de los mismos por parte de los Gobiernos regionales —modelo *Bundesrat* alemán— era realmente muy difícil de lograr (si bien ésta parece ser la mejor solución). La elección simultánea es un método original, que deberá reforzarse con la praxis, que a veces resulta más eficaz que la norma escrita, y que podrá contribuir a hacer políticamente fuerte el nexo senadores-consejos regionales, en cuanto se vendrá a crear una relación de recíproca solidariedad y de apoyo político triunfante, que podrá inducir a hacer mayormente homogéneas las respectivas opiniones. A propósito de las elecciones coetáneas destacan aquí algunas incongruencias técnicas relativas a la aplicación correcta del mecanismo de la simultaneidad, en cuanto contrasta con la norma que sanciona el número fijo de senadores, 252, y la que impone el respecto de las proporciones entre los escaños y la población de cada Región. En la práctica, en un sistema en el cual los senadores cesan del cargo de «grupos regionales», en cuanto ligados al vencimiento de los respectivos Consejos regionales, no parece posible conciliar el número fijo de 252 senadores y la distribución proporcional escaño-población. Incorporo un ejemplo que aclara mejor esta cuestión: si se procede a la renovación del Consejo y de los respectivos senadores de la Región «X» tras un censo de la población que haya registrado un aumento de población tal que da lugar a escaño posterior ¿qué sucede? Si se aumenta en uno los escaños correspondientes a la Región «X», habrá un Senado con 253 senadores vulnerando el artículo 57 que impone el número fijo de 252. Por el contrario, si no se aumenta un escaño a la delegación de los senadores, se vulnera la norma que impone la proporcionalidad entre escaño y población. En suma, un enigma...

Existen otros aspectos referidos a la futura composición del Senado federal, como la eliminación de los senadores vitalicios transferidos, por así decirlo, a la Cámara de los diputados, así pues la abolición de los senadores elegidos por la circunscripción externa. Después se ha aumentado ligeramente el número mínimo de senadores para cada Región, de cinco a seis; mientras que se ha disminuido el límite anagráfico para el electorado pasivo; por tanto, para ser elegido senador bastará tener 25 años. Por lo demás, queda sobre el escenario el problema de qué sistema electoral regirá para la elección de los senadores. En una primera versión, el proyecto de reforma constitucional tenía previsto y, por tanto, constitucionalizado, el sistema proporcional como fórmula electoral para la elección de los senadores. Esta referencia explícita ha sido oportunamente eliminada y, en consecuencia, corresponderá al legislador determinar el mecanismo electoral que deberá ser uno que «garantice la representación territorial por parte de los senadores». En fin, los senadores, como también los diputados, no representan sólo a la Nación, sino también a la República según la original novedad del artículo 67 de la Constitución.

5. A continuación pasaré a examinar las competencias del Estado federal, con particular referencia a los procedimientos legislativos. En primer lugar, debe afirmarse que el nuevo artículo 70 de la Constitución, tal y como se presenta en el proyecto de reforma, pone en marcha un procedimiento legislativo bastante complejo, cuyo único valor se encuentra en prever un inicio y un final y, por tanto, superar de tal modo la tradicional dificultad del actual procedimiento legislativo que, en la *navette* entre Cámara y Senado, puede no terminar nunca. Es indudable que leer el artículo al completo resulta pesado, fundamentalmente porque está mal redactado y es excesivamente largo y complicado en su desarrollo normativo. Se trata de un procedimiento legislativo «tripartito», por así decirlo, en cuanto se prevén tres categorías de leyes con tres *iter* legislativos diferentes: *a)* las leyes con preferencia en la Cámara; *b)* las leyes con preferencia en el Senado; *c)* las leyes bicamerales. La tripartición del procedimiento legislativo está determinada, de modo fundamental, por el contenido del proyecto de ley que es el parámetro para la elección del tipo de procedimiento a adoptar, así como para la preferencia o menos de una Cámara.

Intentemos sintetizar:

5.1. Las primeras, esto es, las leyes aprobadas con preferencia de la Cámara, son aquellas que la Cámara de los diputados examina en primer lugar y sobre las cuales tendrá la última palabra. El Senado puede proponer modificaciones en el plazo de 30 días, las cuales corresponderá a la Cámara decidir en vía definitiva. Se trata de leyes sobre todas las materias de competencia exclusiva estatal (del artículo 117 de la Constitución), salvo aquellas relativas a los denominados niveles esenciales, a los fundamentos sobre los entes locales y a los sistemas de elección de la Cámara y Senado, que, por el contrario, son de competencia bicameral.

5.2. Las segundas, esto es, las leyes con preferencia del Senado, son exactamente un reflejo de las que tienen preferencia en la Cámara, incluso como *iter* legislativo, con la excepción de que para éstas se prevé un eventual procedimiento de especial «confianza indirecta»; o bien, el Gobierno tiene la posibilidad de intervenir para hacer valer su propia convicción mediante un procedimiento especial, sobre un proyecto de ley que sería con preferencia del Senado. Se trata de un procedimiento complejo que puede, además, involucrar al Presidente de la República obligándole a tomar una decisión política que contrastaría con el papel de garantía que el propio proyecto de reforma constitucional le asigna. La intervención gubernamental que prevalece sobre el Senado puede ejercitarse «en positivo», esto es, con el fin de imponer al Senado, que no lo quiere, un texto que realiza el programa de Gobierno, y «en negativo», por así decir, esto es, por contraste al Senado que quiere un texto considerado lesivo para los intereses unitarios vitales. Además, hay que decir que las leyes *a prevalenza* del Senado se refieren todas a materias de competencia concurrente (*ex* artículo 117 de la Constitución), aquellas que afectan a los principios fundamentales en las materias de competencia regional. Cierto, el problema, pues, es la definición, bastante controvertida, de que sean los «principios fundamentales»; en efecto, no hay en el ordenamiento y en la jurisprudencia constitucional una definición determinada y unívoca.

5.3. Por último, la tercera categoría de leyes, las bicamerales, son aquellas que requieren del concurso paritario de la Cámara y el Senado. Se trata de 25 tipos de leyes bicamerales que ahorro enumerar y remito a la no fácil lectura del artículo 70 apartado 3.° del proyecto de ley constitucional aprobado por el Parlamento, que no ha aclarado por qué obliga a un continuo reenvío a otros artículos de la Constitución, donde hay una expresa reserva de ley del Estado o de la República. Este procedimiento de las leyes bicamerales consiente al Senado, en algunos casos, desarrollar una significativa función de garantía, como por ejemplo para las leyes electorales o para la función fundamental de los Ayuntamientos, o bien, de coordinación en el caso por ejemplo de las redes de comunicación o de la investigación científica. Sin embargo, hay que decir que en otros casos el procedimiento bicameral interfiere —como para la determinación de los niveles esenciales de las prestaciones concernientes a los derechos civiles y sociales— en el ejercicio de una delicada función de Gobierno, que no puede sustraerse del circuito cuerpo electoral-Cámara de los Diputados-Gobierno.

Aún no hemos terminado. Existe una especie de posterior procedimiento legislativo, si bien excepcional. Es el que prevé cuando un proyecto de ley no fuese aprobado por ambas Cámaras, la intervención del Presidente de la Cámara y del Senado, quienes pueden convocar una comisión de 30 diputados y 30 senadores encargada de proponer un texto unificado para someterlo a votación final de ambas Cámaras. Además, hay que decir que la decisión de los Presidentes o de la comisión no es controlable en ninguna sede. Nos encontramos ante un punto jurídicamente delicado por las consecuencias que la exacta definición de su ámbito tiene en relación con la decisión sobre la cuestión de competencia y una eventual elevación de un juicio de constitucionalidad para los vicios de procedimiento.

Hay que referirse, además, al cómo afecta la figura y el papel de la Conferencia Estado-Regiones sobre la función legislativa del Senado federal, que ha sido constitucionalizada asignándola la tarea de «realizar la leal colaboración y promover acuerdos e entendimientos». En consecuencia, existe la posibilidad concreta de que sea este órgano, y no el Senado federal, el que desarrolle la función de mediación, determinando el contenido de las iniciativas legislativas y consecuentemente vaciando de significado la sede parlamentaria[12]. El riesgo de que se cree una

---

12 Cfr. C. BASSU, *La Conferenza Stato-Regioni nella riforma costituzionale*, en el volumen: *Cittadini, Governo, Autonomie. Quali riforme per la Costituzione?*, dirigido por T. Groppi e P. L. Petrillo, Milano, Giuffré, 2005, p.141 ss.

especie de tricameralismo, por añadidura al conflicto, no aparece muy lejano...

6. A continuación haremos referencia, aunque sea rápidamente, a algunas cuestiones concernientes a las relaciones entre el Senado federal y el resto de órganos constitucionales.

6.1. *Senado federal y Presidente de la República.* Aparte de la elección de este último mediante la Asamblea de la República de la que forman parte los 252 senadores elegidos, pero no, a mi parecer, los 42 senadores de procedencia territorial, se observa como el Presidente del Senado, que continua siendo el Presidente de la República suplente, podría cesar del cargo de senador, en relación a los cambios del Consejo de las Regiones de referencia; también, durante el ejercicio de las funciones delegadas del Presidente de la República, y éstas debían ser asumidas por el vicepresidente suplente del Senado. Así pues, será una hipótesis de laboratorio, pero resulta necesario destacarla también por su extravagancia.

6.2. *Senado federal y Gobierno.* Ya he afirmado con relación al procedimiento legislativo y a la forma de «confianza indirecta», y destaco de nuevo aquí, el hecho de que no exista ningún vínculo fiduciario entre el Gobierno y el Senado federal, y correlativamente la posibilidad de disolución de este último. Efectivamente, el Primer Ministro ilustra el programa de legislatura y la composición del Gobierno entre las Cámaras y, por tanto, también en el Senado, pero sólo la Cámara de los diputados se pronuncia con un voto sobre el programa. En resumidas cuentas, por cuanto se refiere al control no está claro si éste puede ejercitarse por parte del Senado federal también sobre materias exteriores y concurrentes, sobre las que el Senado es competente para su primera lectura.

6.3. *Consejo Superior de la Magistratura, Corte Constitucional y Senado federal.* Este último interviene en el momento de elección de una parte de los componentes de ambos órganos. Concretamente, por lo que se refiere al Consejo Superior de la Magistratura, el Senado elige una sexta parte de los componentes (el mismo número es elegido por la Cámara de los diputados); por cuanto concierne a la Corte Constitucional, el Senado procede a la elección de cuatro magistrados (en cambio, tres los elige la Cámara) y lo hace en una composición de la Asamblea renovada con la integración de los Presidentes de las Juntas regionales y de las Provincias autónomas de Trento y Bolzano. Resulta complicado comprender las razones de una novedad como esta.

7. Ahora procederé a desarrollar algunas consideraciones finales. Sin embargo, antes quisiera subrayar un aspecto que no se ha sobrevalorado, el referido a las disposiciones transitorias en el proyecto de ley de reforma constitucional. En efecto, se trata de cinco artículos, algunos con diversos párrafos, de difícil comprensión. Piénsese sólo en la posibilidad de la entrada en vigor de la reforma constitucional que puede estratificarse temporalmente en varias fases. Y después, con particular referencia a la elección de senadores federales, que deberían calibrarse con las elecciones de los respectivos Consejos regionales. Un escenario que podría tenerse sería el siguiente: en 2011 se celebrarán las elecciones para la primera legislatura del Senado federal compuesto aún por 315 miembros, y los consejos regionales, elegidos en 2010, en el cargo más o menos hasta finales de 2013, serán prorrogados hasta 2016. Será este año en el que comience el nuevo Senado federal compuesto por 252 miembros elegidos contemporáneamente a los Consejos regionales. En suma, si todo va bien, el Senado federal de la República lo tendremos dentro de once años...

Debo decir que esta fecha de entrada en vigor del Senado federal tan lejana, termina atenuando y disminuyendo las críticas que podrían presentarse al proyecto. En efecto, parece dificilísimo imaginar que todo pueda interrumpirse y no se modifique nada hasta 2016, año de inicio del nuevo Senado federal.

Resulta más fácil prever más bien cambios posteriores y consideraciones sustanciales (o desaprobaciones en el caso de un referéndum afirmativo), tales para alterar el proyecto hoy en discusión.

Dicho esto, me limitaré a desarrollar una consideración de máxima, que es la siguiente. Por su composición y funciones, el Senado federal parece configurarse como un órgano político especializado en el tratamiento de cuestiones regionales. Por tanto, el bicameralismo que se querría crear, sería en realidad un bicameralismo por especialización o funcional, más que un bicameralismo con representación diferenciada. Lo que podría no ser un problema. Pero aquí hay que señalar la incongruencia que se anida en la parte relativa a las competencias del Senado federal; especialmente, porque éstas se referirían a toda la legislación estatal concurrente del artículo 117 de la Constitución. Teniendo en cuenta que el Senado no debiera ser una Cámara política, asignándola esta misma competencia, se corre el riesgo de crear un doble monocameralismo, en lugar del actual bicameralismo paritario. En efecto, de una parte, se excluye al Senado de la relación fiduciaria con el Gobierno, mientras que, de otra, se le confía la última y decisiva palabra sobre las leyes relativas a la determinación de los principios fundamentales en las materias de legislación concurrente. Una competencia ésta, que sería más oportuno asignarla a la Cámara, desde el momento que se trata de materias relativas a las políticas de sectores significativos para el *indirizzopolitico* del Gobierno. Imagínese un Senado federal como órgano de contrapeso institucional de la mayoría, inspirándose así en la reciente tesis de Bruce Ackerman sobre la nueva separación de poderes[13], que viene a auspiciar continuas y repetidas formas de conflicto, que perjudicarían gravemente el parlamentarismo y la gubernabilidad.

Resulta incuestionable que la concreta adaptación del Senado al orden constitucional será también, y sobre todo, confiada al principio de efectividad, a su desarrollo en la Constitución en sentido material. Sólo de este modo, el Senado y los senadores podrán conquistar un rol previsto por el ordenamiento, eliminada la angustia de convertirse en los «*inválidos de la Constitución*».

* * *

13 Sobre estas cuestiones véase, B. ACKERMAN, *La nuova separazione dei poteri*, tr. it., Roma, Carocci, 2003; sobre este trabajo, puede consultarse también mi recensión crítica publicada en *Diritto Pubblico Comparato ed Europeo*, n. 2, 2003.

Una ley electoral que protege la bipolaridad y favorece la gobernabilidad[1]

1 Traducido del italiano por Yolanda GÓMEZ LUGO, profesora de Derecho Constitucional de la UC3M de Madrid.

1. Para iniciar un debate sobre el sistema electoral es necesario, en mi opinión, partir de la siguiente pregunta: ¿para qué sirve el sistema electoral? Dos son las respuestas: para formar una mayoría y un gobierno; y para representar los sentimientos de una colectividad. En ambas respuestas hay, implícitamente, dos grandes fórmulas electorales: la mayoritaria, que realza la gobernabilidad; y la proporcional, que valora la representatividad.

De la segunda, o sea, la sobrerrepresentación, Italia no pudo evitar adoptarla a partir de 1948, es decir, desde el nacimiento de la democracia republicana que necesitaba avanzar y reforzarse incluso mediante la representación múltiple de diversas fuerzas políticas. Sin embargo, este proceso de representatividad se agotó a principios de los noventa debido a una continua, desconcertante y perjudicial consecuencia negativa sobre la duración de los gobiernos; esto es, la inestabilidad de los mismos, y por tanto, la incapacidad de crear un *indirizzo político* estable, capaz de programar una actividad de gobierno para todo el mandato de la legislatura.

Es posible señalar el día en que los italianos decidieron concluyentemente que la gobernabilidad debía prevalecer frente a la representatividad, y sobre todo, que su voto debía «contar más» porque además de permitir elegir representantes parlamentarios, debería servir para conceder la investidura al gobierno. Como sucede desde hace tiempo en las grandes democracias occidentales. Ese día fue el 18 de abril de 1993, cuando 11 millones y 662 electores (sobre 14 millones y 573, esto es, el 83.30%) votaron a favor del *referéndum* para abrogar partes importantes de la ley electoral del Senado, y así permitir que ésta pudiera transformarse, gracias a la normativa resultante, de una ley de sistema proporcional a una que introducía un sistema electoral prevalentemente mayoritario. Aquel domingo de primavera de hace trece años fue, y sigue siendo, un evento extraordinario. Como acontecimiento, como resultado y como hecho jurídico. Hay quien ve en aquel referéndum el medio de surgimiento del poder constituyente al servicio de los derechos y de las libertades públicas. Y podría decirse, además, poder constituyente de la constitución material, teniendo en cuenta la clara incidencia que el sistema electoral tiene en la forma de gobierno y, más en general, en la organización del poder.

Una cosa está clara: aquel voto referendario no pretendía, ni podía, elegir un sistema electoral específico, sino que más bien mostró claramente una filosofía del voto; es decir, el establecimiento de cualquier método que pudiera dar a los votantes la libertad de elegir una mayoría y un gobierno. Y así fue.

Permítaseme un pequeño paréntesis. El nuevo sistema electoral fue definido enseguida con una fórmula periodísticamente feliz, pero deliberadamente despectiva: ««*Mattarellum*». Creo que el abuso de esta expresión, sin duda, no ha contribuido a una valoración correcta e imparcial del sistema electoral, porque al calificarlo como ««*Mattarellum*» se ha terminado, aunque sea inconscientemente, valorando negativamente «en cualquier caso». Y lo mismo ocurre con el «*Tatarellum*», otra invención léxica, producto de la misma pluma y referido al sistema electoral regional; con mayor razón, el discurso sirve para la actual ley electoral, que es definida además de ««*Porcellum*», solo porque en una entrevista el senador Calderoli, artífice de la ley, la definió como una «*porcata*». Cierro paréntesis.

Por tanto, los ciudadanos italianos en 1993 quisieron reivindicar la necesidad de una ley electoral capaz de lograr una mayoría y un gobierno, y por tanto, un desarrollo del sistema político en sentido bipolar. Así se confirmó cuando se celebraron las elecciones: en 1994, 1996, 2001 con una ley electoral prevalentemente mayoritaria (75% de los escaños con el sistema uninominal mayoritario, el 25% restante con el sistema proporcional), y en 2006 y 2008 con una ley electoral con efecto mayoritario (un sistema electoral proporcional con el *premio* de mayoría a favor de la lista más votada). Por el contrario, en 2013 surgieron problemas en cuanto a la mayoría; en concreto, en el Senado con motivo del *premio* de mayoría que se asignó a nivel regional en lugar de nacional, pero se trató de una excepción y no una regla. Algunos afirman que se trata de una «bipolaridad conflictiva» (es difícil, sin embargo, imaginar un bipolaridad «amistoso»...), pero es una bipolaridad gracias a la cual se ha podido —definitivamente, hay que decirlo— permitir al elector italiano hacer aquello que los electores de las democracias occidentales hacen desde hace tiempo, esto es, elegir sus propios gobernantes, y por ello, designar al Gobierno votando a través de su mayoría parlamentaria en base a un programa electoral que después está destinado a convertirse en la actividad *de indirirzzo político* durante la legislatura. Así, se logró llevar Italia a Europa, con respecto al método de gobernar. Efectivamente, el panorama europeo de las formas de gobierno, al margen del modelo (*modellino*) parlamentario o semipresidencial, predominante se basa en la legitimación directa de los gobiernos, cuyo cuerpo electoral puede elegir quien debe gobernar. De esta manera, es como si se estuviera formando un patrimonio constitucional europeo también en materia de forma de gobierno, y como se ha señalado, en materia de derechos de libertad; y que ese este patrimonio constitucional europeo es el del buen gobierno, elegido por el cuerpo electoral y responsable frente a éste. Un gobierno sujeto al juicio de los electores, que pueden actuar a través del voto, que puede ser de *premio* o de sanción; o sea, de renovación o denegación de la confianza.

Una vez más se ha podido, aunque con diferencias, completar el diseño y el desarrollo institucional de los Ejecutivos a nivel municipal, provincial y regional que prevé la elección directa por parte de los electores del Presidente y de la mayoría que lo sostiene a través de un vinculo fiduciario (también siguiendo la regla del *simul stabunt simul cadent*). Si el gobierno a nivel local es elegido directamente por los electores, por qué no debería hacerse igualmente a nivel nacional, aunque con el método de investidura en lugar de la elección directa.

Por consiguiente, con la introducción del principio mayoritario se produce un nuevo modo de gobernar y hacer oposición. Por supuesto, principio mayoritario dispuesto en su doble faceta: como «regla para elegir», que pertenece a la modalidad de funcionamiento de la fórmula electoral mayoritaria o con efecto mayoritario; y como «regla para gobernar» que favorece el principio de responsabilidad política y con él el rol que el cuerpo electoral sume para elegir Gobierno. Con el objeto de asegurar la formación de un Gobierno estable, eficaz que permanezca durante toda la legislatura y que responda de su actuación ante el cuerpo electoral. En efecto, un Gobierno es estable no solo por la duración de su mandato, sino también cuando su duración es periódicamente verificada y confirmada por elecciones libres. Por otro lado, un Gobierno es eficaz cuando sus decisiones responden a las exigencias de los electores, que pueden confirmar o sustituir al Gobierno, creando así un régimen de alternancia. En la base de este sistema hay un proceso de preservación de la soberanía popular que, en cuanto cuerpo electoral, está llamada a elegir los representantes y siendo consciente de que elige también a los gobernantes. De este modo, el pueblo-cuerpo electoral, antes de votar, conoce el programa de Gobierno y las personas que lo formarán; está en condiciones de conocer, con carácter previo al resultado electoral, qué *indirizzo político* se seguirá en caso de que ganase (o en caso de alcanzar la mayoría) una opción política u otra; puede respaldar con el voto a un Gobierno, o bien hacer que resulte vencedor el Gobierno alternativo, que se formará ejerciendo una oposición constructiva. Es también una nueva forma de libertad, reconducible al principio de la soberanía popular; esto es, la libertad de asociarse en la adopción de decisiones; la libertad de participar directa y activamente en la formación de la política nacional mediante la elección «inmediata» del titular del *indirizzo politico* y, al mismo tiempo, la libertad de cambiar a los gobernantes en caso de pérdida de la confianza.

Lo expuesto hasta aquí es mi opinión, si bien es cierto que soy consciente de que pueden plantearse críticas significativas al método mayoritario, y que ello ha desplegado sus efectos en el sistema político e institucional italiano. Críticas, no formuladas desde el punto de vista jurídico —el argumento de la presunta constitucionalización del sistema proporcional está ya ampliamente superado—, sino más bien sociopolíticas que pueden resumirse en la falta de homogeneidad del cuerpo electoral y de la clase política, que resiste mal la solución bipolar que obliga a elegir, *bon gré mal gré,* una coalición y un candidato designado por la misma en el ámbito de una circunscripción uninominal. Prueba de esta alergia al sistema mayoritario sería la proliferación de partidos en el Parlamento, o la necesidad de reactivar una especie de *proporzionalismo parlamentare* en lugar del sistema mayoritario electoral. Críticas, sin embargo, que pueden manifestarse con referencia a los continuos conflictos entre las fuerzas políticas surgidos en el seno de la misma coalición. Críticas, al fin y al cabo, que pueden extenderse posteriormente allí donde se observa el cada vez más inminente proceso de personalización de la política, que iría en detrimento de los partidos políticos y de sus determinante rol constitucional *ex* art. 49 Const. Y con referencia a este último aspecto, se añadiría la crítica relativa al hecho de que el sistema mayoritario habría favorecido un cierto deterioro del Parlamento.

Pues bien, frente a estas y otras críticas que pueden plantearse al método mayoritario —suponiendo que éste sea el verdadero culpable—, y dado que no es posible aquí responder de manera extensa, queda sin embargo el hecho de que, silenciando otros aspectos al margen de los mencionados antes, con el sistema mayoritario se han producido dos circunstancias relevantes en el ámbito de la concreta aplicación constitucional, nunca vistos hasta ahora: la caída de un Gobierno mediante una moción de censura en el Parlamento (me refiero al Gobierno Prodi en 1998) y la duración quinquenal para todo el mandato de la legislatura, de un Gobierno y de su mayoría parlamentaria (como sucedió con el Gobierno Berlusconi y la mayoría elegida por los electores en 2001 que duró hasta 2006). Tal vez ha sido una casualidad, pero estas dos circunstancias, de importancia considerable en el ámbito del correcto funcionamiento de las instituciones y de la forma de gobierno parlamentaria, previstas y reguladas por la Constitución, se han podido constatar solo en el sistema mayoritario. No me estoy refiriendo a la alternancia entre fuerzas políticas en el Gobierno que tuvo lugar en 1996 y 2001, aunque se cree que es el resultado del sistema mayoritario. Sin embargo, hay que añadir que las dos circunstancias constitucionalmente relevantes anteriormente mencionadas, se han producido en dos legislaturas diferentes del sistema mayoritario, como si quisiera demostrarse que el ajuste de éste estaba concluyendo para mejorar su funcionamiento efectivo, siguiendo la estela del modelo Westminster.

En 2005 el legislador decide modificar y aprueba la ley n.270 con la que reformula el sistema electoral introduciendo una fórmula proporcional con *premio di maggioranza,* que garantiza la mayoría absoluta de los escaños (en la Cámara de diputados) a la lista más votada en la campaña electoral. ¿Por qué se decidió cambiar? La única respuesta posible es de naturaleza política: ante el temor de perder las elecciones, la mayoría en aquel momento quiso alterar las normas electorales con la esperanza de no perder, o de perder por una diferencia mínima, como finalmente sucedió.

Quisiera realizar una precisión respecto al *cuándo* aprobar una ley para reformar el sistema electoral, ya que se trata de una cuestión que ha suscitado cierta polémica en el debate italiano. Se ha afirmado que no se puede cambiar la ley electoral ante la proximidad del fin de la legislatura porque ello alteraría demasiado las normas justo antes de su aplicación. Asimismo, se ha afirmado que no se puede cambiar la ley electoral al comienzo de la legislatura porque si no se deberían votar de nuevo en la medida en que las Cámaras estarían deslegitimadas. ¿Es posible que la ley electoral deba aprobarse sólo en un periodo determinado, en concreto, a mitad de la legislatura? Insistir en el *cuándo* cambiar la ley electoral, hasta el punto de convertirlo en un problema no solo de oportunidad política, sino también en cierta medida jurídico, conlleva, sin embargo, caracterizar a la legislación electoral de un significado particular. Ello implica concebir una teoría inédita y bastante original de la ley electoral en el sistema de fuentes, que puede resumirse del siguiente modo: la elaboración de la ley electoral no estaría sujeta a *quorum* especial en la votación parlamentaria (aunque fuera lo deseable), sino más bien en momentos concretos de su aprobación. Por tanto, o se aprueba en un momento concreto de la legislatura, a mitad de la misma, o no se puede proceder en este sentido. Francamente, parece absurdo. Otra cuestión es la relativa a la oportunidad política. Sobre ello, debe recordarse lo que estableció el Tribunal Constitucional Federal Alemán *(BVerfGE,* 3, 389): «las modificaciones de la ley electoral justo antes del fin de la legislatura suscita la sospecha de falta de objetividad *[Unsachichkeit]*».

3. Realizadas estas afirmaciones, queda otra cuestión: ¿la ley electoral n. 270 de 2005 ha permitido el correcto ejercicio del sistema mayoritario, el reforzamiento de la bipolaridad y la investi-

dura del Gobierno por parte de los electores? Sin duda alguna, la respuesta es afirmativa. Sin embargo, se trataba, como sostuvo el Tribunal Constitucional en la sentencia n. 1 de 2014 y a la cual nos referiremos, de una ley con varios vicios de inconstitucionalidad.

En realidad, más allá de la complejidad, y sobre todo, de la eficacia de este sistema electoral que, sin embargo, pretendería mantener la bipolaridad, bien con la lógica de las coaliciones y del *premio di maggioranza* que pertenece a ésta entre las coaliciones más votadas, bien con la medida legislativa para declarar «el nombre y apellido de la persona señalada como cabeza único de la coalición»; fuera de estos aspectos, hay una cuestión jurídica que conviene aclarar. Me refiero al hecho de que la ley electoral presentaba algunas dudas razonables de constitucionalidad, que han sido señaladas por el Tribunal Constitucional en la sentencia n. 1 de 2014, y que pueden resumirse del siguiente modo: a) las normas relativas al *premio di maggioranza* en la Cámara no supera el test de proporcionalidad y razonabilidad aplicado al equilibrio legislativo de intereses constitucionalmente relevantes, que —como sostiene el Tribunal— «es necesario valorar si la norma objeto de control, con la medida y las modalidades de aplicación establecidas, es necesaria e idónea para lograr los objetivos legítimamente perseguidos, en la medida en que, entre las medidas más apropiadas, ordene la menos restrictiva de los derechos afectados y establezca cargas no desproporcionadas respecto al logro de tales objetivos»; b) la ley electoral (n. 270 de 2005), aún persiguiendo un fin legítimo como la estabilidad del Gobierno y la eficiencia de los procesos decisionales, «no se adecua al objetivo perseguido, puesto que implica una deterioro de la función representativa de la Asamblea y del igual derecho de sufragio, excesiva y capaz de producir una profunda alteración de la composición de la representación democrática en la que se basa toda la arquitectura del ordenamiento constitucional vigente», violando así los arts. 1.2, 3, 48 y 67 de la Constitución; c) además, lesiona el principio fundamental de igualdad del voto que «exige, no obstante, que cada uno contribuya potencialmente y con la misma eficacia a la formación de los órganos electivos, y reciba un tratamiento diferenciado en relación con el sistema electoral elegido», como en el caso del sistema proporcional, que crea en el elector la legítima expectativa de que no se produzca un desequilibrio sobre los efectos del voto, es decir, una valoración desigual del «peso» del voto resultante, a efectos de la asignación de escaños; d) el *premio* regional para la distribución de los escaños en el Senado es ilegítimo por «la inadecuación (de la legislación) para el logro del objetivo perseguido». Efectivamente, la asignación regional permite la formación de la mayoría «al resultado casual de una suma de *premi* regionales, favoreciendo la formación de mayorías parlamentarias no coincidentes en las dos ramas del Parlamento», comprometiendo tanto el funcionamiento de la forma parlamentaria de gobierno, como el ejercicio de la función legislativa; e) el voto a la lista de partido sin expresar preferencia alguna es ilegítimo porque de esta manera el derecho al voto se convierte básicamente en indirecto, deja de ser libre y personal; «el hecho de que la totalidad de los parlamentarios electos, sin excepción alguna, carezcan de respaldo de los ciudadanos, vulnera la lógica de la representación reconocida por la Constitución»; f) finalmente, de conformidad con el principio de continuidad del Estado las decisiones no producen consecuencias invalidantes sobre las elecciones ya celebradas, ni sobre los actos adoptados por las Cámaras hasta las nuevas elecciones.

4. Hasta aquí las decisiones jurídicas del Tribunal Constitucional. Sin embargo, hay otras cuestiones de naturaleza política en relación con las listas bloqueadas y el denominado *«mega premio* de mayoría», sobre las que quisiera hacer una precisión. Por lo que respecta a las listas bloqueadas, estas podrían —si se utilizaran bien— ofrecer una gran oportunidad, la de postular, para elegir lo mejor de la sociedad. Me explico: si los partidos, en lugar de sucumbir a opciones personales y amistosas, hubieran sabido y querido utilizar las listas bloqueadas, tendrían que haber postulado personalidades ampliamente representativas de la sociedad italiana. Los mejores representantes de la sociedad civil, personas capaces y preparadas. Así habríamos logrado una clase política de primer nivel. Como es sabido, se prefirieron otras opciones. En esta situación se podría retomar las preferencias en la ilusión de que así elige el elector. Sin embargo, sabemos perfectamente que las preferencias pueden adquirirse con el intercambio *(voto di scambio)* que ha marcado buena parte de las

opciones electorales en los años de la denominada «Primer República», o con una costosísima campaña electoral, organizada a golpe de fiestas, cenas, invitaciones, anuncios, *spot* televisivos,..., cuyo gasto electoral aumenta drásticamente, también porque el objetivo no es solo convencer al elector para votar a ese partido, sino sobre todo para votar ese candidato en lugar de otro del mismo partido. Una palabra sobre el denominado «*megapremio* de mayoría». En primer lugar, hay que precisar que este también se aplica en las elecciones locales (municipales y regionales); de hecho, en algunos casos, en los que contribuye la jurisprudencia del Consejo de Estado, resulta de aplicación forzosa en nombre del «valor fundamental de la gobernabilidad (sentencia constitucional n. 3022 de 2010), y por tanto, prevalece incluso sobre la representación, y ello, pese a que ésta tiene un indudable y auténtico valor constitucional. El *premio* de mayoría es útil para permitir disponer de una mayoría parlamentaria sólida y estable (aunque su capacidad depende de las dinámicas políticas), que es la finalidad misma de los sistemas parlamentarios que se basan en la confianza entre mayoría y gobierno. Por otra parte, también el sistema mayoritario-uninominal se basa, por así decirlo, en diversos *premi* de mayoría, como son las circunscripciones electorales. Así, en cada circunscripción gana quien obtiene más votos y los demás no tienen derecho de representación. De este modo, el premio de mayoría puede ser visto como el revés de la medalla de la barrera electoral (como la prevista en Alemania y fijada en el 5%). Con esta última se favorece una desincentivación de la representación múltiple, por el contrario, con el *premio* aventaja a la lista, o coalición de listas, más votada por los electores. Efectivamente, el actual *premio* de mayoría es «*per*» la mayoría, permite atribuir los escaños en mayoría, aunque éstos hayan sido atribuidos con el voto de los electores. Otra cosa sería el *premio* «*alla*» mayoría, como preveía la ley electoral de 1956, calificada mezquinamente como «ley estafa» pero que no resultó tan estafa, teniendo en cuenta que preveía la asignación del *premio* a la lista (o coalición de listas) que hubiera obtenido por sí la mayoría de los votos de los electores. Como diciendo, has conseguido la aprobación mayoritaria del cuerpo electoral, y por eso, te ayudo a hacer más sólida la mayoría parlamentaria atribuyéndote algunos escaños más.

5. Son muchos los sistemas electorales existentes en el mundo, en realidad cada país tiene el suyo. Es como si en materia electoral hubiera una soberanía absoluta ejercida mediante la identificación de un sistema electoral propio que no copia ni reproduce otros modelos. Piénsese en Francia con la doble vuelta, en Gran Bretaña con el sistema uninominal, en Alemania con la barrera electoral, en España con circunscripciones provinciales limitadas. Sin duda, también Italia tiene derecho a tener su sistema electoral, y no faltan soluciones. A partir de la restauración del sistema mayoritario para el 75% de los escaños y el proporcional para el 25% restante, sin sustracciones u otras invenciones normativas. Lo importante es que sea un sistema electoral destinado a favorecer la formación de mayorías y un Gobierno elegido y legitimado mediante el voto de los electores. Sin embargo, una ley electoral que proteja la bipolaridad, puede considerarse como un logro significativo del sistema político italiano (al nivel del resto de democracias europeas). Dar marcha atrás significaría crear las condiciones para regresar al sistema partitocrático. Añado y concluyo: bienvenidas sean las primarias para la elección de candidatos (en circunscripciones uninominales) si la finalidad es incrementar la participación política del cuerpo electoral. Una democracia se vuelve opaca hasta el riesgo de extinguirse si aumenta la desafección política, si el partido de los abstencionistas tiene posibilidad de ganar las elecciones.

***

CONSTITUCIÓN, DEMOCRACIA Y ESTADO DE DERECHO,
de TOMMASO EDOARDO FROSINI se imprimió en la República Argentina en febrero de 2018.

Made in the USA
Monee, IL
09 October 2026

65315268R00129